JN125097

Dr.モルック

フィンランドからつながる笑顔

福岡大学医学部小児科准教授
日本モルック協会代表理事
八ツ賀秀一

心書院

はじめに

2023年8月4日〜6日。フィンランドのヒュビンカーで行われた、第18回モルック世界大会。試合会場であるペサパッロ（フィンランド野球）場の周囲には白樺の木が立ち並び、フィンランドらしさを垣間見ることができました。

そこには高く掲揚された色とりどりの国旗がはためいており、日本の国旗も堂々と誇らしげに見えました。この光景を見て、「この会場に帰ってきたな。みんなとモルックを楽しもう！」と心の底から嬉しい気持ちでいっぱいになりました。

今年の世界大会は、19か国のチームが集まりました。日本からはなんと24チームの参加があり、最初はやや緊張の面持ちで、試合開始です。

自然豊かな広大なグラウンドで、各チーム熱戦が繰り広げられました。真剣勝負の中にも笑顔があふれ、お互いたたえ合い励まし合い、楽しそうに世界の人と交流する姿が印象的でした。どの国の選手もじつに楽しそうで、モルックへの愛情が伝わってくる様子でした。これぞ、モルック！　という姿でした。

初日の国別対抗戦はあいにくの雨で、非常に寒い状況でした。過酷な条件でしたが、日本は国別対抗戦で準優勝しました！　選手たちは本当にすばらしかったです。

2日目、3日目は、ときどき曇ることはありましたが快晴で、心地のよい天候でした。どの国の選手もすばらしい試合をし、そしてモルックをとても楽しんでいました。

そんな様子を見ながら、私はモルックを日本で普及しはじめた時のことを思い出していました。

このすばらしい世界大会が来年、日本の函館で繰り広げられるなんて！

まさに、感慨無量としか表現できません。

15年前にフィンランドでモルックと出会い、日本で普及を開始した日から、今日にいたるまで。日本でのモルックの歴史を、今回一冊の本にまとめることができました。

たくさんの方に助けられ、広がってきた日本でのモルックを、ぜひ皆さんに知っていただきたいのです。そしてこれからの日本のモルックの歴史を、皆さんと一緒に創っていきたいと思っています。

モルックに興味がある方、もう楽しんでくれている方、選手として頑張ってくれている方。いろいろな方に本書を手に取ってもらい、モルックにもっと興味を持っていただければ、著者としてこんなに嬉しいことはありません。

モルックが好きなたくさんの方と、「2024モルック世界大会in函館」でお会いできますように。

心から楽しみにしております。

2023年8月6日

フィンランド・ヒュビンカーにて

八ツ賀秀一

10年来の友人、ヤケ選手と世界大会会場にて

写真提供
カバー・別丁扉・著者近影：中村文郎（撮影）
P92, P94, P95：アンバサダー各位（公式WEBより）
P91,P115,P122,帯（表1）：アンバサダー各位からの提供
P145 ～157：Visit Finland
上記以外：著者およびJMAスタッフ

目次

第1章 モルックと出会う

1

私の職業

私は2001年に医師免許を取得しました。

医学生時代は、外科や脳神経外科に興味を持っていましたが、成人より小児を診たいと思い、小児科医としてのキャリアをスタートしました。医師の仕事は、診療・教育・研究と多岐に渡り、非常に楽しい職業だと思っています。

勤務先・勤務地にもよりますが、当直があったり、週末や祝日は急患センターの勤務があったりと、体力的にきつい部分もあります。

しかし、診療においては、患者さんとそのご両親と雑談を踏まえたコミュニケーションで多くの方の人生に触れることができます。

教育においては、医学生から研修医、専修医たちと、医学・医療について語り合い、私自身の経験と知識を伝えることができますし、彼らから多くのことを学ぶことができます。

研究においては、患者さんたちの困り感を解決し、生活の質（ＱＯＬ）を少しでも上げることができます。

論文を読み、論文を書き、学会で発表する。このようにさまざまな経験を医師として得ることができます。医師はやりがいもあり、私はとても気に入っている職業です。

フィンランド留学

2001年に小児科医として働きはじめ、最初の2~3年間は専修医としてさまざまな疾患を診療させていただきました。

大学病院から勤務をはじめ、市中病院で研鑽を積み、小児科医としての修練を続けていました。

医師3年目の時に、大学院に進学したので、そのころから大学病院で研究と診療の生活がはじまりました。

私の研究テーマは、ミトコンドリア病です。

大学院時代はピペットを使ったミトコンドリアDNA解析や、ミトコンドリア病の疫学研究をしていました。

留学中はミトコンドリア病モデルマウスを使用し、ミトコンドリア病の新規治療薬の研究をしていました。

帰国後は、ミトコンドリア病の新規バイオマーカー開発の研究を行っており、現在も細々とではありますが、ミトコンドリアDNA解析やバイオマーカー測定、疫学研究に従事しています。

なぜミトコンドリア病だったのか。その理由は二つあります。

一つは、大学病院に勤務していて、はじめて誘っていただいた上司の専門がミトコンドリア病だったからです。人から誘われることがとても嬉しく、正直よくわからないけれどやってみようとミトコンドリア病の研究を進めていくことにしました。

もう一つは、生化学の苦手意識があまりなかったことです。ミトコンドリアの機能は、身体の中のエネルギー（ATP）を産生することが主ですが、そこに関わるクレブス回路、ベータ酸化など、呪文のような単語と代謝マップは、多くの人が苦手とするところです。

じつは私は大学を2回留年しており、3年生を3回しました。つまり生化学のほぼ同じ授業内容を3回も受けているため、生化学については細かいところまでだいたい理解できていました。そんなこともあり、ミトコンドリア病を専門として、医師生活を進めていくことになりました。

研究を進めていくと、新しい仲間と新しい手法や新しい発見をしたくなってきます。わからないことがわかってくるのは、本当に楽しいです。そのため今わかっていることだけでは、だんだん満足できなくなります。

そして臨床をはじめると、患者さんが本当に悩んでいること、困っていることを直接聞く、そして知ることができます。それを解決できる可能性があるのが研究で、ますます新しい発見をして患者さんに還元したいと思うようになりました。そして医師6年目くらいから、留学を考えるようになりました。

とはいえ、海外には人生で一度も行ったことがありませんでしたし、英語は大の苦手科目でした。英会話もできなかったので、海外留学はまったく考えていませんでした。国内留学という制度もあるので、東京の研究所に行きたいと思っていました。

大学医局は、一般的には年功序列で物事が決まっていきます。先輩医師を差し置いて、就職して4~5年目の医師が国内外含めて留学することは、当時からするとあまりないことでした。それにもかかわらず、生意気にも上司には定期的に東京に留学したい旨を伝えていました。

留学のチャンスは突然やってきます。

じつは2007年12月に、遅い夏休みを取ってフィンランドに遊びに行くことにしていました。第5章で詳しく書いていますが、私は北の国が好きなので、北欧に憧れていました。

人生ではじめて海外を訪問したのは、2007年9月の学会発表の時でした。学会の会場は米国西海岸のサンディエゴでした。先輩医師と一緒に行ったのですが、私だけ1泊多くし、はじめての海外で英会話もできないのにもかかわらず、一人で観光をしました。帰りの市街地から空港までの道のりも、なぜか路線バスを使いましたが、降りるターミナルも間違わず無事に日本に帰ることができました。

この経験から、海外旅行はどうにかなると思い、その勢いで2007年12月には観光旅行でフィンランドに行こうと決めていました。

それを聞いた上司が9月のある夜、21時ごろだったと思いますが、私のデスクに突然やってきて「フィンランドに留学するか?」と聞いてきました。

私は考える間もなく「行きます！」と即答しました。

上司は「それなら12月にフィンランドへ行く時に、面接できるようにセッティングしてあげよう」と段取りをしてくれました。

面接では、フィンランドのボスと英語で会話を試みたのですが……。まったく通じ合えず、日本にいる上司に電話して通訳してもらいました。そんなとんでもない状況だったにもかかわらず、日本の上司もフィンランドのボスも、フィンランド留学を受け入れてくれました。

当時ミトコンドリア病はまだまだ知名度は低く、世界的にもミトコンドリア病の研究をしている施設は多くありませんでした。その中でも、米国、英国、フィンランド、日本はミトコンドリア病の研究が盛んな国でした。上司は米国留学経験があるので、私にも米国に留学して欲しい感じはありました。

しかし私が北国、北海道、フィンランドの話ばかりするので、フィンランド留学の話を振ってくれたのだと思います。フィンランド留学のおかげでモルックに出会えたので、今思えばラッキーでした。

モルックとの出会い

2008年5月、フィンランドに引っ越しました。

その時は独身だったので、単身でシェアハウスに住みましたが、英語も話せないうえに、はじめての共同生活に限界を感じ、1か月でアパートを借りました。

ヘルシンキの研究所でポスドク（研究者）として雇用してもらい、ミトコンドリア病の研究をはじめました。

研究所の中でもボスはとても優秀な女性でした。子どもも3人いて、35歳で教授になった、フィンランドで最も若い女性教授でした。

ポスドク、技術補助員、大学院生を入れると20人くらいの、割と大きめの研究室でした。そのため20代の若者が多く、時間外の余暇的活動がとても活発でした。

週1回以上は、研究室のみんなとスポーツをしたり、ハイキングをしたりしていました。年2~3回は泊まりで遊びにも行っていました。そんなときに、モルックが登場しました。

2008年の夏、はじめてモルックと出会いました。

公園の芝生の上で、15人くらいでモルックを行いました。「mölkky」なので、正式な発音は「メルックゥ」に近いかなと思うのですが、私は日本人なので気づいたら「モルック」と日本語表記していました。

2008年は数回モルックをしたと思います。2009年の夏にも、やはり公園やサマーコテージに行くとモルックが出てきてみんなで楽しみました。ただこの時は「面白いな」と思ったくらいで、まだ自分でも購入しておらず、来年の夏もみんなでするんだろうなぁ、くらいの感じでした。

この時はまさか私がモルック世界大会に出場するとか、ましてや日本でモルックを普及

研究所の友人と、ビールを片手にモルック

させようと協会を立ち上げるなど、想像もしていませんでした。

はじめての出場は世界大会

2010年6月に、フィンランドのラハティで「デスコン」という日本の漫画とアニメのイベントがあり、友人たちと見に行ってきました。ちょうど「カイジ」でおなじみの福本伸行先生が来られていて、サインをいただきました。

その帰り道に、フリーペーパーを見ていたら、2010年8月にラハティでモルックの世界大会があるという案内がありました。

当時フィンランドでは、エアギター大会や

デスコン会場にて。著者右から2番目

奥さま運び大会など、奇祭に近い世界大会が数多くありました。フィンランド滞在中に、何かに出場できればなぁという思いはありましたので、モルック世界大会の記事を見た時に「出よう！」と即断しました。

大会はチーム制で、1チーム4～6人なので、同じ研究所の日本人を誘うことにしました。

同じ研究所といっても研究室はそれぞれ違うので、私以外はモルックを知りませんでした。「モルックの世界大会に出よう！」と声をかけるも、「モルックって何？」「そもそも世界大会って何？」という状態でした。

今思えば、モルックが何かすら知らないのに、よく快諾してくれたなと思います。当時、快諾してくれたメンバーには感謝しかありません。

妻とは、久留米の同じ職場の同僚で、留学前に付き合いはじめました。

留学先はそれぞれ異なり、私はフィンランド、妻は英国にほぼ同時期に留学をしました。妻の留学は1年間のみだったので、その後英国からフィンランドに引っ越してきて、そのタイミングで結婚をしました。

その妻ですが、当初はモルック世界大会への参加に乗り気でなく、「恥ずかしいからやめなさい」と言われていました。妻からは反対されましたが、どんな競技であれ「世界大会」に出場するということは、留学の思い出としてとてもよいものだと思っていました。

2010年のモルック世界大会には、私、妻、O氏、松田夫妻、K氏の6人で出場しました。

私はもうワクワクしかありませんでした。

大会2か月前から、週に1~2回くらい、日本人6人で集まり公園で練習をしました。引き続き、研究室のメンバーともモルックを楽しんでいましたが、世界大会に向けて練習を頑張っていたので、自分だけかなり上手でした。

といっても、当時はモルックの戦略もあまり知らず、「とにかく数多く倒せばよい」的な感じでやっていました。それでも狙ったところにまずまず当たるので、本気で「優勝を狙える！」と思っていました。

前述のとおり、モルック大会もフィンランドの奇祭の一つなので、世界大会とはいえ本気で練習している人や、セミプロに近い人はごく少数だろうと、高をくくっていました。

週1回程度の練習では、6m以上遠くのスキットルは狙えません。近くの塊のスキットルや単品のスキットルを倒して得点を重ね、合計50点にすることしかできませんでした。それにもかかわらず、心のどこかで「優勝できるかもしれない」と甘い考えを持っていたことは間違いありません。

世界大会の雰囲気

大会当日の2010年8月14日、日本人6人でヘルシンキを出発しました。世界大会が行われるラハティは、ヘルシンキから電車で1時間の場所にあります。ラハティはモルックの聖地と呼ばれています。

その理由はモルック発祥の地であり、モルック製造工場があった場所だからです(現在モルック製造工場はポリに移転しています)。そしてモルック大会も大小含め多数あり、モルックプレーヤーも多い地域です。製造工場の隣には、モルックの箱だけだったり、好きな番号のスキットルを単品で売っていたりと、モルックファンにはとても楽しい場所でした。

会場は学校のグラウンドのようなところで、200チームくらい集まっていました。

大会という割には、みんなが自由気ままに練習したり、ビールを飲みながら話をしたりして、お祭りの雰囲気がありました。

フィンランドのモルック大会は、開会式もなく突然試合がはじまります。試合が終われば、ビールを飲みながらおしゃべりしている感じです。

次の試合も、状況次第で進みますので、時間が遅れることもよくあります。ひどい場合は、時間が足りず、翌日に試合が持ち越されるということもありました（日本で行うモルックの大会は、しっかりと開会式を行い、時間どおりに試合が進んでいきます）。

チーム名についても仲間と相談し、日本っぽい名前にしたいと考えました。

チーム名を決めた時の記憶は曖昧で詳細には覚えていません。当時フィンランドでは、寿司が流行していたので、それにあやかって日本っぽいもので、多くの外国人がわかるものということで、「Wasabi」と決めた記憶があります。

大会前日に、チームで上着だけでもそろえようということで、ヘルシンキのH＆Mに行きました。ワサビにちなんで緑色のシャツをみんなで購入しました。これも今思えば、かなりグッドジョブでした。

なぜなら、約200の大会参加チームのうち、半数以上がおそろいのシャツ、チームTシャツを着ていたからです。

モルックの大会では、おそろいの衣装やユニフォームを着ているチームが多く、もっとしっかりチームユニフォームを作るべきだったと激しく後悔しました。チームTシャツをそろえることで少しでも心意気を見せたと思うのですが、競技結果は散々でした。

世界大会に日本人のみのチーム編成で出場することに、日本人としての心意気を強く揺さぶられ、やや興奮気味だったのは間違いありません。

出場してみると、2010年のモルック世界大会では、はじめての日本人の参加で歓迎ムードでした。

そして「日本代表チーム」として扱われ、私たちのチームの立ち居振る舞いが「日本」のスタンダードと認識されてしまうことに、不安と責任を感じました。

ちなみにこの時に偶然入ったイタリアンレストラン「Mamma Maria」は、パスタ、ピザ、スープがおいしく、サラダも付いて1人前10~20ユーロとコスパもよく、店員もフレンドリーで、大ファンになりました。今ではラハティに行くたびに必ず食べに行くレストランです。

モルックはなんて楽しいんだろう

練習している時は、みんな笑顔で、リラックスしながらモルックを楽しんでいました。ところが、試合がはじまると一転、みんな真剣になります。

「自分たちは相当うまい」と根拠のない自信を持っていましたが、試合を見ると、とんでもない光景を目の当たりにして、「ちょっと、やばい……」と思うようになりました。10m以上離れているスキットルをバンバン倒したり、密着しているスキットルにもかかわらず1本だけを倒したり……。

実際の試合でも、我々には戦略とスキルがまったく足りないことがわかりました。当時は、スキットルの塊を倒して得点を稼ぐやり方をしていたのですが、それをすることで、高得点のスキットルが外に出てしまい、相手に簡単に取られてしまいました。その取られ方も、遠方に追いやられ、自分たちの当てられる範囲を優に超えていました。

1回戦は4チームが一緒になって戦い、合計得点の上位2チームが2回戦に進むことができます。1回戦はどうにか2位に滑り込み、2回戦にコマを進めました。試合の緊張は日常生活では味わうことのないもので、高校時代に弓道の全国大会に出場した以来の緊張感でした。もう必死で合計得点を2位にすることのみに集中していました。

上手なチームが高得点スキットルを遠方に飛ばすため、小刻みに点を稼いでいきました。いわゆる「スモールモルック」です。しかし2回戦はまったく歯が立たず、記憶にないくらい、あっという間に終わりました。

結局1回戦、2回戦を通して一度も50点に到達することができず、これは相当悔しかったです。

同時に、1回戦を突破した時は本当に嬉しかったです。

30代になって、心の底から悔しい、嬉しい、楽しいと思ったことに感動しました。

モルックはなんて面白い、すばらしい競技なんだ！

私だけではなく、チーム全員が「悔しい」「楽しい」「来年こそは！」という気持ちになりました。そして翌年のリベンジを誓い、本気でモルックに向き合うことになりました。

世界レベルの選手と特訓

私たちのチームには、海外の強豪チームをライバルと呼べるほどの実力がないことは、痛感していました。しかし、目標とするプレーヤー、目標とするチームはいくつかありました。上手なプレーヤーのフォームを真似たりして自分の技術を上げる努力もしました。

例えば現在、国際モルック連盟で理事をしているフィンランド人女性のスヴィ率いる「コンナ＆コウック」は観ていてすばらしいチームでした。男性二人が長距離を得意とし、スヴィは短～中距離の塊を狙い、もう一人の男性はマルチプレーヤー。年齢も20代から40

チーム「コンナ＆コウック」

エストニアのチーム

スロバキアのチーム

代までの4人チームで、各人が得意技を披露して勝ち上がり優勝したチームです。

モルックは個人でもできるけど、チーム戦は本当に面白いなぁと思いました。

他にもエストニアやスロバキア、ドイツのチームも強く、どうやったらあんなにうまくなるのか、どれだけ練習しているんだと不思議に思いました。

自分たちだけでは到底うまくなれないと感じたので、2010年の世界大会の後すぐに、特訓をしたいと思いました。

ヘルシンキでモルック活動をしているチームがあることをネットで調べ、思い切って直接問い合わせをしました。しばらく返信がなかったのですが、快く仲間に入れてくれるという返事をもらい、歓喜したことを覚えています。

9月のヘルシンキはもう肌寒い時期ですが、ソルナイネン駅近くのカトリ・ヴァラン公園で、月2回練習会ならびにヘルシンキカップをしていることを教えてもらいました。

ヘルシンキカップとは、ヘルシンキに住んでいるモルック愛好家20~30人が、練習会の後にトランプでクジを引いて、即席のチームでトーナメント戦をするものです。1位10ポイント、2位8ポイントのように、各回でポイントを得て、半年間で一番ポイントを取った人が、ヘルシンキカップ優勝者となるミニ大会です。私たちは練習会にもヘルシンキカップにも参加することができました。

フィンランド人は、英語を話せる人がとても多いです。とはいえ、お互いに外国語である英語で会話するため、コミュニケーションに多少の難はありました。

しかし、次に狙うスキットルをお互いに確認することはできます。初対面の外国人同士でチームを組んで、十分にモルックを楽しむことができました。

モルックをしながら外国人と話すことは、同じルールのもとで行うため、通常のシチュエーションより会話しやすいと思います。モルックに関する簡単なフレーズをしっかり覚えれば、モルックで起こる範囲の会話はできると思います。その間に、いろいろなことを話す機会が得られると思います。

同じモルックを好きというだけで、お互い親近感がわきますので、多少通じにくい、聴き取りにくい会話でも、しっかりと傾聴してくれると思います。話せない部分は、モルックがしっかり肩代わりしてくれると信じて、機会があれば思い切って外国人のモルックプレーヤーの輪に入る、外国人にも輪に入ってもらうことをお勧めします。

ヘルシンキカップでは、世界大会で入賞する実力のあるトニをはじめ、サミ、ミッラ、ユハ、オリと仲良くさせてもらいました。

彼らから練習方法や、チーム内の投擲順番の決め方など戦略についていろいろと教えてもらうことができました。彼らから学んだことを実践することで、みるみる上達していきました。

1年の半分が冬のフィンランドですが、冬は室内ペタンク場を借りてヘルシンキカップを継続していきました。ちなみにペタンクとは、フランス発祥の球技です。

こうして、1年間を通してモルックを練習しました。

そして練習の後には、みんなで中華料理屋かネパール料理屋で反省会をしながら、食事をしました。どちらも練習場の近くにあり、私は麻婆豆腐やチキンカレーをよくたのん

室内ペタンク場で投擲練習

でいました。食べ慣れた白米やカレーはおいしく、部活の帰りのようで楽しい思い出です。

世界レベルの方たちと練習を積み重ね、２０１１年のモルック世界大会での目標も定めました。

一つは、まだ大会で達成できていなかった、50点を取って勝つこと。

もう一つは、２回戦を突破することです。

当時の世界大会の予選は、４チームが一緒に戦って４ゲーム、合計２００点の中で合計点が高い順に順位を決めていました。ですから、４ゲームの中で50点で一度も上がれなくても、例えば49点が４ゲームあれば１９６点で相当上位になれる仕組みがありました。

わずか1年間の特訓でしたが、ずいぶん上達したと感じていました。正直、８月の世界大会が待ち遠しかったです。

そんな時に、７月にスロバキア大会があることを知りました。１年間の練習の成果を試せるチャンスだと思い、この出場も即断で登録しました。

このころには、スキットルの塊は崩さない、１本のみの取りやすいスキットルをしっかりと倒すなど、今となっては当たり前の戦略を身につけていました。

スロバキア大会入賞

2011年7月23日、スロバキア大会に参加しました。22日の仕事が終わってから夜に移動し、スロバキアの首都ブラチスラバに前泊しました。

大会当日はトラムに乗って、郊外のスポーツセンターに到着です。会場は、天然芝でした。芝で試合をするのははじめてで、戸惑いました。しかも芝の高さも高く、スキットルが散らばらないし、倒れなかったりもしました。

ドイツからも数チーム来ており、スロバキア、チェコ、ドイツ、日本の4か国でミニ国際試合となりました。1チーム3～4名で、20チームくらいの参加でした。

公式試合に参加するのはこの時が2回目、しかもスロバキアで、天然芝。ガチガチに緊張していました。

予選は4チームで8試合を行い、合計得点で上位1位と2位のチームが準決勝に上がれる、と記憶しています。予選は見事1位通過。公式試合ではじめて50点で上がることもでき、上々の滑り出しでした。

昼の休憩時は、「日本人がわざわざスロバキアまでモルックをしに来たぞ！」ということで、多くの現地スロバキア人が声を掛けに来てくれました。そして、ご祝儀といわんばかりにビールとお酒をたくさんいただきました。スロバキア人はウォッカなどの蒸留酒をよく飲み、その種類も豊富です。とても飲みきれないくらいのビールとお酒でした。

「モルックは楽しく、ときに真剣に」という、このゆるい中の適度な緊張感が、更に自分の中のモルック熱を加速させたのだろうと思います。

準決勝では、スロバキアの精鋭チーム「OMEGA」に合計1点差の僅差で敗れまし

スロバキア大会に出場した「Team JAPAN」。著者右端

た。決勝には進めずでしたが、4～6位決定戦に進むことができました。4～6位決定戦では、3セット中2回50点で上がることができ、4位入賞を果たしました。

この「OMEGA」はスロバキア大会で優勝しました。「OMEGA」チームを1点差まで追い詰めたことは、自分たちの練習方法が間違っていなかったという自信になりました。

国外スロバキアまでモルックをしに行った、日本人男女4人のTeam JAPAN。友情が深まりとてもよい思い出です。翌日はライン川下りをして、首都ブラチスラバを観光して帰りました。モルックだけでなく、その土地を楽しむこともでき、本当にすばらしい時間を過ごしました。

2回目の世界大会

2011年、2回目の世界大会では、自分たちが「モルック日本代表」という気持ちを込め、「Team JAPAN」というチーム名で出場しました。

前年の教訓を活かし、自分たちがモルックの日本代表選手であり、日本人としての立ち居振る舞いをしっかり行うことを意識していました。

自己満足ではありますが、「日本人」として国際交流をはかり、日本の文化をしっかりと他国に伝える、知ってもらうことも意識していました。

その間の1年間は、先述したように、ヘルシンキで２０１０年秋から２０１１年夏まで武者修行し、さらに7月にはスロバキア大会に出場し4位となりました。

２０１１年世界大会の目標は、50点で試合に勝つことと、2回戦を突破することでした。

8月27日の初日は1回戦のみがあります。２０１５年ごろからは、1回戦で敗退しても敗者リーグで試合を多くできる仕組みができましたが、当時は1回戦で敗退するとその後は試合もなく、初日のみで終わっていました。それだけは絶対に避けたい思いもあり、初日はめちゃくちゃ緊張しました。小さな公園や空き地を見つけては、時間が許す限りTeam JAPANは練習をしました。

1回戦は50点で勝つことができ、2回戦に進めたお祝いも兼ねて、この時も夕食はイタリアンレストラン「Mamma Maria」でした。

2回戦は、やはり、というか勝てませんでした。大きな壁を感じました。

近距離、中距離の単品スキットルを倒すスキルは、そこまでの差はないと思いましたが、戦略が圧倒的に弱いと感じました。そして長距離の精度がTeam JAPANに不足していると感じました。

悔しいままでは終われない、そしてこの楽しさを続けたい！

この年の世界大会は2回目の出場ということで、さまざまな面で前年と異なることがありました。一番は、多くのモルックプレーヤーが昨年より更に親密に接してくれるようになったことです。おそらく、2年連続で日本人がモルック世界大会に来たということで、モルックに対する「本気度」が伝わったのだと思います。

そして、現在の国際モルック会議の前身になるであろう、各国首脳会談的な交流会にも入れてもらいました。オープンテラスでビールを飲みながらですが……。

そこでは今後の世界大会のこと、各国のモルックのことなどを話しました。どうやったら日本でモルックを普及できるかについて質問した記憶があります。

その翌年からは、毎年予選の前日に集まり、会議という形での話し合いを行うようになりました。

スロバキア大会に出場したおかげで、スロバキアチームやドイツチームとも仲良くなり、お互いの試合では応援し合いました。友情が芽生えたのだと思います。

　このように、モルックを通して、それまで関わることのなかった人たちとコミュニケーションを取ることができました。

　日本にいた時の交友関係は、同僚など医師を中心に看護師や医療従事者がほとんどでした。狭い領域の社会の中だけで生きてきたのだと思います。

　また、留学中の研究室は20名前後と大きめで、医師は3〜4人と少なかったのですが、「ミトコンドリアの研究者」というくくりの、やはり狭い領域の社会でした。

　留学前も留学中も、医療や研究という社会しか知らなかったので、それ以外の方とコミュニケーションを取れたことにとても感動しました。

　お互いの社会的・経済的損得を気にせず、モルックをするまでは知り合えなかった人たちと、英会話で気持ちが通じ合えたことの驚きは今でも覚えています。

「世界に羽ばたけ」と言われることがありますが、フィンランドに留学しただけでは十分に羽ばたいたとは言えず、ようやく本当の意味で羽ばたけたという思いが込み上げてきました。

世界は本当に広いと感じました。そしてこの思いを、日本の皆さんと共有したいと思いました。

帰国直前にＪＭＡを設立

じつは、２０１１年の世界大会前には、11月に帰国することを決めていました。

留学当初から、上司からは2年間くらいで帰国しなさいと言われていました。しかし、研究の面白さがだんだんわかってきたこと、フィンランドという国が本当に好きで、私にとって過ごしやすいと思っていたこともあり、のらりくらりと留学期間を延長してきました。とはいえ、妻のキャリア、私のポジションなどいろいろな要素もあり、留学期間を3年半で終えることにしました。

この時、「モルックを日本でもどうにか続けたい、このモルックの魅力を日本の皆さんと共有したい」と強く思いました。

しかし、日本の情報を調べると、日本でモルックをすることは相当ハードルが高く、帰国を決めてからどうしたら日本で続けられるかばかり考えていました。

当時は、日本でモルック自体を購入することもできず、また輸入するとしても、200セットからの発注と言われ、輸送費や倉庫保管などを考えると現実的ではありませんでした。

また、翌年以降も世界大会をはじめ各国の大会に出場することは可能ですが、モルックはチーム戦なので、大会のたびに4人の日本人を集められるのか、自信がありませんでした。

どうしたら来年以降も世界大会に出場できるのだろうか?

今年で終わりにはしたくない……。

この喜びと感動、悔しさを続けたい……。

そして、どうしたら他の人にも伝えることができるのか?

このような考えが、頭から離れませんでした。

私は「もう、日本でモルック協会を作るしかない」と考えました。

当時はフィンランドに住んでいたので、調べられる範囲で、日本にまだモルック協会がないことを確認しました。

そして当時のヘルシンキ在住の日本人モルッカーたちが集まり、任意団体「日本モルック協会」を設立しました。

メンバーは2010年、2011年の世界大会に一緒に出場した仲間8名です（八ッ賀、千穂、O氏、K氏、松田夫妻、尾曲、ユウヤネン）。みんな快く設立に協力してくれました。本当に感謝しています。

ちなみに、現在も使用している協会ロゴは、デザイン・意匠に造詣の深い尾曲氏が作成してくれました。

モルックが買えない

さて、日本でモルックの普及を、と考えて真っ先にぶち当たる壁。それは、日本ではモルックが簡単に手に入らないことでした。

フィンランドにいれば、少なくとも夏場は近所のスーパーマーケットや玩具コーナー、スポーツコーナーなどに行けば購入できます。

冬はなかなか小売店にも置いていませんでしたが、当時のモルック製造工場はラハティにあったので、ヘルシンキから1時間電車に乗れば、モルックを直売で買うことができました。

直売のメリットは、スキットルを1本単位で買えたことです。高得点のスキットルは結構破壊されやすかったので、スキットルを単品で購入できるのは本国ならではだと思います。

さらにフィンランド国内ではウェブサイトからの購入もできました。そんなモルックに恵まれたフィンランドと異なり、当時の日本では小売店で買うどころか、ウェブでも買えませんでした。

そこでモルックの販売会社TACTIC社に、日本でも販売して欲しい旨を伝える手段に出ました。メールでやり取りをしていると、「ヘルシンキのおもちゃショーに出展するので、そこで話し合おう」と言われました。私が帰国する2週間前の出来事です。

営業部長（当時）のユハとアポイントが取れており、直接訴えることができました。前向きに検討するとは言ってくれたものの、輸送費、日本での販売店、倉庫や管理などの問題があり、現実的には難しそうでした。

しかし、熱意を込めて話を続けるうちに、「そこまで言うなら……」という感じで、モルックを特別に安く売ってもよいと言われました。

困難を感じても、とにかくダメ元でも動いてみることで「はじめの一歩」が踏み出せるのだと思います。

当時モルックセットは多少の変動がありましたが、1セット30～40ユーロ前後のところ、1セット15ユーロで売ってくれるとのことでした。そこで任意団体「日本モルック協会」のみんなでお金を出し合い、30セットを購入しました。

そして、私の引っ越し荷物と一緒にモルッ

ヘルシンキのおもちゃショーにて、ユハと著者たち

ク30セットを日本に送ることができました。

そうこうしている間に、私を含め「日本モルック協会」の創立メンバーの帰国日が近づいてきました。日本での普及を固く誓い、それぞれが日本に帰ることになりました。

著者の部屋に高く積まれた、モルック30セット

Column

日本トッププレーヤー

河野靖信選手のモルック上達法

モルックは、戦略を理解するだけであっという間に上達することができます。あとは少しの運とメンタルです。

まず、戦略を理解しているかどうかがとても重要です。戦略を知ったうえで必要な技術を向上させるのか、それとも戦略を知らずに技術のみを向上させるかでは、上達スピードがまったく異なります。それほどモルックにおいて戦略は重要であり、シンプルなゲームなのに想像以上に奥が深いのです。

逆に投擲の技術に関しては、わずか350グラムの木の棒を数メートル投げることができればよく、体格差による影響がほとんどないため、老若男女、誰でも楽しめるスポーツとして知られています。

そして、遊技するうちに戦略面やそれに付

随した技術面の奥深さに気づいて、のめり込むプレーヤーも多いです。

それでは、モルックの戦略について解説します。

モルックの勝利条件は「相手より〝先〟に50点ピッタリにした方が勝ち」というシンプルなルールです。もし投げ順が先手のプレーヤーが50点ピッタリになったら、後手のプレーヤーは一投分少なく試合が終了してしまうところがポイントです。

したがって、一投で何点獲得したかではなく、あと何投で上がれる（50点ピッタリにできる）かが重要になります。

モルックの一投で獲得できる点数は12点までなので、最短で五投で上がることができます。

50点までの組合せはいくつもありますが、一投目のガシャ（ブレイク）後のスキットル配置から、プレーヤーのスキルや相手の点数状況によって、どの順番で狙っていくかも含め50点までのルートを決めていきます。

自分や相手のミスなどによって状況は変化しますが、基本的には投げ順が先手であれば最短を目指し、後手であれば相手の必要なスキットルを妨害し、ミスさせながら最短を目指すことになります。

最短で五投という少ない回数で勝負がついてしまう、だからこそ投擲数を減らすことを、常に考えましょう。こういった基本を知らずに投げていると、戦略を知っているチームから、簡単に試合をひっくり返されてしまいます。冒頭の「戦略を理解するだけで上達できる」というのはそういうことです。

では、戦略を理解したうえで、モルックに必要な技術とは何か確認します。

大きく分けると次の七つあります。

1 狙うスキットルの周りに別のスキットルがなく、どんな距離も単品で取るための**「順手投げ」**

2 狙うスキットルの左右に別のスキットルがある場合にも単品で取るための、モルック棒を縦方向に持って投げる**「縦投げ」**

3 狙うスキットルの前方に別のスキットルがある場合にも単品で取るための、山なりに軌道高めに投げる**「ふわり」**

4 狙うスキットルの後方に別のスキットルがある場合にも単品で取るための、モルック棒にバックスピンをかけながら投げる**「裏投げ」**

5 相手にとって必要なスキットルを距離を出して妨害するための、強めに当てる**「飛ばし」**

6 相手にとって必要なスキットルを別のスキットルに近づけて妨害するための、モルック棒を斜めに持ち、寄せたいスキットルの方向に対して垂直に当てて、転がる方向を操作する**「斜め投げ」**

7 複数本倒しで得点しつつ、上がるために必要なスキットルを単品で取りやすくしたり、上がりまでの組合せを増やすための**「ガシャ」**

実際によくある試合展開の例を、戦略に応じた技とあわせて確認します（左図表）。

Aさんの1投目のガシャ（ブレイク）後の
スキットル配置イメージ

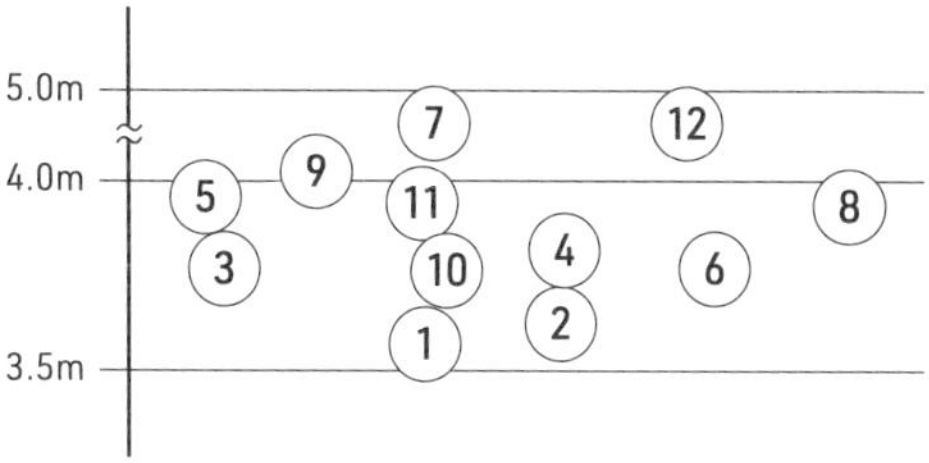

ターン	Aさん				Bさん			
	距離	技	得点	合計	距離	技	得点	合計
1	3.5m	ガシャ	12	12	5m	順手投げ	12	12
2	7m	順手投げ	12	24	4m	縦投げ	9	21
3	4m	ふわり	9	33	6m	順手投げ	9	30
4	8m	順手投げ	9	42	4m	飛ばし	8	38
5	12m	順手投げ	ミス	42	10m	順手投げ	12	50

てです。

　モルックの大会には個人戦や2〜4人のチーム戦もあり、大会という大舞台での緊張やチームプレーとしてのプレッシャーがあります。

　また、戦略を理解して先が読めるからこそ、一投のプレッシャーがあります。

　さらに、決勝戦では多くのプレーヤーが観戦する中での試合ということもあり、さまざまな場面でメンタルが試されます。もちろん中には気持ちが高ぶり、むしろメンタルが強い人もいます。

　メンタル面については、かなり個人差があるため、大会での失敗や成功を繰り返し経験していく中で、自分にあったメンタルコントロールの方法を見つけてもらえたらと思います。


　最後に、運についてです。

　モルックというゲームは、一投の失敗や成功による影響が大きいという性質があります。モルック棒もスキットルも独特な形をしているため、モルック棒は空中で安定して飛ばず、スキットルもきれいに転がりません。また、スキットルは倒れたところで立て直すというルールがあることから、毎回配置が変化してしまいます。そしてモルック棒の予想外の動きによって、思いもよらないスキットルが倒れたりします。それゆえに運の要素が多く絡んでくるのです。

　運の要素が大きいからこそ、初心者が上級者に勝つこともしばしばあり、みんなが熱中してしまうのです。

最後になりますが、この記事を読んで上達したモルッカーと大会でお会いできることを楽しみにしています。

日本モルック協会　競技部　河野靖信

第2章 モルック世界大会を誘致

2

帰国後の活動

フィンランドから帰国した初期メンバーが、山形、名古屋、福井へと帰国したので、30セットのうち数個ずつ配り、各地域で普及活動を開始していきました。

私は福岡に帰国しましたので、まずは福岡の福祉方面で広げていこうと思いました。2011年の世界大会で多くの国の人たちと交流することで、モルックのユニバーサル感に強い共感を得ていたからです。

なんとか福祉施設とアポイントを取り、訪問してモルックの説明をしても、はじめはまったく理解してもらえず、そもそも「モルック」という言葉は何語なんだ？　というところから説明が必要でした。ルールも、見たこともないことを説明するのは本当に難しいと感じました。

療育施設でも広げようとしましたが、普及といえるほどの進捗はありませんでした。やはり、モルックって何？　からはじまり、日本で買えないし、話を聞いただけでは楽しさがわからないと言われました。

そこでまずはモルックを知ってもらうことが先だと思い、対象を変えて広げることを試みました。

2012年3月、福岡市の純真学園大学で検査科学科の准教授（現教授）だった福應温さんに、大学にモルックサークルを作って欲しいと依頼しました。福應さんとはちょうど同時期にフィンランド留学をしていて、同じミトコンドリア研究をしていたことですでに面識があったからです。福應さんは、すぐに快諾してくれました。

私たちはまず手はじめに、月に1～2回学生と一緒にモルック練習会を開催しました。そして練習会後にみんなで食事に行くなどして、友好を築いていきました。

学生たちも、はじめは私が知らない人ということで、なかなか話も弾まなかったのですが、モルックをしながらコミュニケーションを取ることで、少しずつお互いの話をするようになり、練習後もさまざまな話をするようになりました。

学生同士でも、学年が異なったりするとなかなか話しにくいとは思いますが、モルックをすることで仲良く話す機会も増えたように見えました。この風景を見て、モルックはチームビルディングにもってこいのツールだろうと思いました。

そして福應さんのご尽力により、9月、ついに正式なモルックサークルに認定されました。おそらく日本初の大学モルックサークルだと思います。

その後も、純真学園大学では、入学後のオリエンテーションでモルックをする、つまりチームビルディングの実践がされております。おそらく日本でもっとも早くモルックをチームビルディングとして取り入れた大学・法人だと思います。おかげで、純真学園大学の多くの学生がモルック経験者という状態です。

そして福應さんのアイデアもあり、大学4年生の希望学生には、「朝活モルック」を推奨しています。医療系の大学のため、大学4年生は卒論もありますが、国家試験のための受験勉強もあります。そのため、朝活モルックをすることで、生活リズムをしっかり作るというのが目的です。

実際、論文化はしていませんが、朝活モルックをしている学生の方が成績がよく、国家試験合格率も高いということです。モルック以外の因子もありますので、断定はできませんが、さまざまな場面でモルックは有用なのかもしれません。

福井県では、2012年4月に花見スポットでゲリラ的にモルックをしたのですが、その時は誰にも見向きもされませんでした。外国と異なり、そうそう声掛けしてくる文化ではないので、のぼりを作ったりしてイベント感を出さないといけなかったのだと思います。しかしこういう一つ一つの経験が、次回の修正につながっていくものと信じています。

そして11月には福井大会も開催しました。当時は妻の職場が福井だったこともあり、妻の職場を中心にモルックが広がりつつありました。しかし、ただ練習しているだけでは、せっかく広がりつつあるモルックの輪も小さくなることが予想されたため、思い切って福井で大会を開催しました。福岡から私も参加し、名古屋からも初期メンバーに参加してもらって、身内感たっぷりではありましたが楽しい大会でした。

2012年5月からは、名古屋でモルックリーグ的なものを開始しました。これは今でいう「○○カップ」みたいなもので、月に1~2回定期的にミニ試合を開催し、上位がポイントを得て、半年間とか1年間とかでポイント数を競うものです。競技としてのモルックの面白さを体験できることを目的としました。

そんな時に、東京の「designshop（デザインショップ）」の森さんからメールをいただきました。ちなみにそれまで森さんとは面識はありませんでした。

モルックを知ってもらうため、O氏にdesignshopまで行ってもらい、実演してもらいました。森さんは、もともとモルックを気に入ってくださっていたようで、実演を見て更に興味を持っていただいたようでした。

そこからフィンランドつながりということで、フィンランド関連の仕事をしている方を紹介してくださいました。「tavatabito（タバタビト）」という、「イチ・フィンランドファン」としてフィンランドの文化的なことを伝えている、早苗さんとの出会いです。

早苗さんは2012年のモルック世界大会も見学に来てくださり、後に日本モルック協会スタッフになっていただきました。立ち上げメンバーを除くとはじめてのスタッフ加入です。

早苗さんは行動力があり、イベントマネージメント力にも長け、モルックの世界観をしっかりと日本に植え付けてくれました。

早苗さんが東京在住ということで、人の目に触れる機会の多い場所として代々木公園を選び、月1回の体験会を開催していくことにしました。

私も九州からできうる限り東京に出向き、早苗さんを中心に体験会を重ねていきましたが、通りすがりでモルック体験をしてくれる人は多くありませんでした。

基本的には、早苗さんが知り合いに声をかけて来てもらう人たちの集まりで、少ないと数人、多くて十数人でした。人目につく所でやっても、宣伝効果・普及効果は乏しいと思いましたが、ゼロではないので辛抱強く続けていきました。

途中からやはりフィンランドつながりで、現理事の神保さんも加入し、体験会の回数が増え少しずつ集まる人が増えてきました。東京から発信していけたことは、非常によかったと思います。

こうした普及活動が実を結び、局地的ではありますがモルックが普及している実感がありました。それを証明したのが、2013年の世界大会だと思います。

なんと、初期メンバー以外の日本人が、9人もフィンランドまで来てくれたのです！

日本でモルックを知って、世界大会に出場してくれたのです。いつも1チームしか出せなかったTeam JAPANでしたが、3チームも作れたことに驚きました。

第1回日本大会を開催

いよいよ日本でも大きな大会ができるかもしれない、そして世界大会の感動を日本でも体験したい。

この世界大会の感動をみんなが知ったら、モルックがもっと広まるはず！

そう思い、現理事の神保さんと相談し、日本大会を開催することにしました。

当然ですが、反対意見も一部ありました。いつ、どこで、どれくらいの規模でやるのか、本当にやれるのか？

しかし、動かない限り普及はなかなか進まないし、とにかく世界大会の心地よい緊張感、楽しさ、悔しさをみんなに知ってもらうためには、日本大会をやるしかないと思い日本大会開催を決めました。

日本大会のための会場探しも難航していました。

日本はフィンランドなど欧州に比べて雨が多いため、雨での大会中止を避けたかったこともあり、室内（屋内）でモルックができる場所を探していました。

都内で屋内テニスコート、屋内ゲートボール場、屋内球技練習場など、いくつか候補をあたるも、断られ続けました。

「モルックって何?」「木の棒を投げたら、床も壁も傷つくから」など、見たことも聞いたこともないスポーツに対して、使わせてくれる場所はなかなかありませんでした。

会場探しに苦戦していたところ、1か所だけOKが出ました。それが「ラモスフィールド　インドアフットサル(現フットサルスタジオライズ豊洲)」です。

見たことも聞いたこともないモルックに対して、フットサル場を使ってよいと許可をいただき、ホッとして泣きそうになりました。フットサル場の方には本当に感謝しています。

2014年1月、実際にモルックをやってみて、大きな問題なく使えることがわかりました。そして以後のモルック大会のメイン会場となっていきました。

日本大会に先立ち、2014年5月にはじめて東京で大会を開催しました。その名も「第1回モルック東京大会」です。たしか17チームで行ったと思います。

それでもはじめは10チームくらいしか集まらず、参加者の知り合いとか皆さんの協力で、どうにか17チームにしたと記憶しています。

東京大会の当日、はじめてモルックを触ったという人も多く、普段の普及活動をむりやり大会に仕立てた感じは否めませんでした。なかなか強引な大会だったと思います。当然のことながら、フィンランドの世界大会の雰囲気には、遠くおよびませんでした。

そこから更にみんなで普及を頑張って、２０１４年10月、ついに「第1回モルック日本大会」を開催することができました。

この日本大会は、ＦＩＭＡ（フィンランド国際モルック協会。現ＩＭＯ）の許可を得ることができ、公式大会となりました。

私は世界大会の興奮と感動、そして雰囲気を日本で再現したいと考えていましたので、この日本大会にはぜひ外国人のモルックプレーヤーに来日してもらい、参加して欲しいと願っていました。そこで、8月の世界大会でフィンランドに行った際、国際モルック会議の場で、

「日本でモルック大会をやるので、ぜひ参加して下さい！」

とアナウンスをしました。会議に参加していたさまざまな国のメンバーは非常に喜んでくれ、必ず行くよ！　と言ってくれました。

しかし内心では、わざわざ日本まで本当に来てくれるだろうかと不安に思っていました。ですがそんな私の不安を吹き飛ばすように、フィンランド、フランス、チェコ、スロバキアの選手が来日し、そして日本大会に出場してくれたのです。現国際モルック連盟の会長であるダミアンも来てくれ、とても感激しました。

私たちははじめての大会運営ということで、右も左もわからない中、不手際も多かったと思います。わざわざ来日してくれ、日本のモルックプレーヤーに世界のモルックの技術・戦略を見せてくれた海外の選手たちには、心から感謝しています。

大会に参加した日本人選手は、東京大会ではじめて参加した人も多かったですが、5か月間でずいぶん上達していました。

第1回日本大会で優勝したのは、フィンランドチーム（チームリーダーはフランス人のダミアン）でした。

日本の大会なので、日本人が優勝したいという気持ちは強くあったと思います。残念ながら日本チームは優勝できませんでしたが、外国人選手の美しい投擲フォーム、そして見事な戦略に驚き、感動したのではないかと思います。

この時に、モルックは国境を越えたコミュニケーションができる、すばらしいスポーツだと、協会スタッフは全員確信しました。

参加していただいた日本の方々、そして来日してくれたモルックプレーヤーには本当に感謝しかありません。

主催者の苦労話

盛り上がった第1回日本大会でしたが、じつはこの時もチーム数が足りずに、知り合いなどにたくさん声を掛けて、どうにかチーム数を増やしました。できたチームは32だったと思います。

当時はまだ「わざわざ休みを取って、参加費を払ってまで、モルックをする」という時代ではありませんでした。

試合の楽しさを味わう、悔しさを知って夢中になる、モルックに熱中するほどの普及ができていなかったのです。

また普及の際には、法律を正しく理解して伝えていく、健全なモルックの普及に努めました。

主催者の苦労話といえば、モルックの数をそろえることが大変でした。

せっかくの大会なので、できるだけ新品のモルックを使って、公式感を出したいと思いました。しかし当時は、モルックを入手すること自体が困難でした。帰国時に持ち帰った30セットも、徐々に減っていきました。使えば汚れるし、傷つき消耗していきます。

モルックの調達では、本当に苦労しました。

一時期、ドイツや英国のウェブショップでモルックを購入できた時期がありました。送料無料のウェブショップだったのですが、購入を続けていたら突然購入できなくなりました。おそらく輸送料がかかりすぎたのだと思います。

そこで、フィンランドにいる知人に頼み、輸送してもらうことも試しました。しかし、段ボールの準備や梱包、郵便局まで持っていく作業が負担になり、輸送料も高額でした。お互いが負担となってしまい、継続できませんでした。

次に考えたのは、毎年フィンランドの世界大会に行く時に「モルック持ち帰りノルマ」を決めて、日本に持ち帰ることでした。

当時の世界大会に出場した日本人全員に、モルックを持ち帰ることを頼みました。協会メンバーは一人2〜4セットをノルマとしました。

協会メンバー以外の皆さんにも、スキットルを何本か、スーツケースのすき間に入れて、持ち帰ってもらいました。そして帰国後にスキットルを回収する、という感じです。

今では笑い話ですが、空港の保安検査でモルックが危ないものと判断され、説明をするということが何度かありました。

ドイツの空港の保安検査場では、モルックを知らないため危険と判断され、フィンランドで購入した新品のモルックセットをすべて没収されるという、泣くに泣けない出来事もありました。

毎年フィンランドへ

帰国してからも毎年、モルック世界大会に行っています（2020年、2021年の世界大会は COVID-19 のため中止）。

2012年の世界大会では、Team JAPAN は運も味方して180チーム中ベスト16まで進むことができました。

常に上位に食い込む「Wood PUB」チームを破ってのベスト16でした。このチームのリーダーは、モルック界のレジェンド、ヤケです。ヤケについては後で詳しく述べます。

フィンランドでは珍しくこの日は大雨で、グラウンドに水たまりができるほどでした。思ったように中長距離の単品スキットルが取れなかったり、スキットルの塊を崩せなかったりしている相手チームとは裏腹に、こちらは普段できなかった投擲がズバリはまり、ジャイアントキリング達成でした。

「Wood PUB」チームもまさか負けるとは思っていなかったようで、試合後は大反省会をしていました。

我々は運だけではなく、実力も付きはじめていたのだと思います。国別対抗戦でも、日本は第3位と過去最高位を取ることもできました。

私が選手として出場したのは2016年までです。

2014年ごろから、世界大会に出場する日本人が一定数を超えてきました。世界大会では1チームが4〜6人で、必ず4人が選手として出場します。人数を集めて友人同士で参加する日本人のチームもありましたが、多くが個人参加でしたので、現地で1チーム作るのに苦労するときがありました。

個人参加でフィンランドやフランスまで来てくれたのに、チームを組めないために十分に世界大会を楽しむことができないという事態は避けたいところでした。日本のモルックプレーヤーには、世界大会を存分に楽しんでもらいたかったのです。

そこで、2017年からは私は控えの選手として登録だけして、個人参加の人たちのチーム人数が足りないときや、どこかのチームの不測の事態に備えていました。

自己満足かもしれませんが、それが日本モルック協会の会長としての責務とも思っています。

同様に2022年5月を最後に、日本での公式大会に出場することをやめました。大会の企画に加わり、大会運営をして、当日大会にも出場するのは、時間的・体力的・精神的な大変さもあり運営に専念することにしました。

それにもまして、私自身が不公平感を非常に強く感じたことが理由です。

大会の日時からレギュレーションまで、一般のモルックプレーヤーよりも早く詳細に知っている私が、その大会に選手で出場するのは公平ではないと思ったのです。

人それぞれ考えは違うとは思いますが、もし私が出場して上位になった場合、企画・運営に関与しているかぎり、不正や勝ち上がりやすい仕組みを作ったのではないか、などと疑われるのも仕方ないことだと思いますので、そのような疑惑を少しでも排除したいと思い公式大会出場をやめました。

国際モルック連盟の話

国際モルック連盟（ＩＭＯ：International Mölkky Organization）というものがあります。各国のモルック協会が集まり、毎年8月の世界大会前に会議をします。

各国の近況、今後の世界大会やＩＭＯ公認大会の確認、モルック界の方向性などについて話し合います。長いときには4～5時間も話すことがあり、各国のモルックに対する情熱を感じることができます。

現在の加盟国は、日本、フィンランド、フランス、ドイツ、チェコ、トルコ、香港、エストニア、スペイン、ポーランド、アメリカ、オーストリア、ギリシャ、ネパール、ベルギーの15か国です。

世界大会自体は、フィンランドの小規模な大会からはじまっています。小規模でも世界大会と命名するのは、フィンランドならではと思います。

そこから年々参加チームが増えていき、他国からの参加者も増え、世界大会はおおよそ200〜300チームの参加になっています。

フィンランドのモルック協会は、もともとフィンランド国際モルック協会（FIMA：Finnish International Mölkky Association）として活動していました。2016年に加盟国も増え、より国際的な立場がとれるように、FIMAからIMOに名称が変更となりました。

ちなみに、FIMAにはじめて加盟した国は日本です！

FIMAに入れてもらうきっかけは、当時のFIMA関係者ペルッティとサンナのおかげです。ペルッティが協力を申し出てくれ、FIMA関係者との話し合いのセッティングなどもしてくれました。当時のモルック製造工場の話や、フィンランドでもモルックをリハビリの一つとして利用している場所があることも教えてくれました。

姉御肌のサンナは、世界大会ではいつも運営委員長的な立場で、私たち日本人のチームを気に掛けてくれていました。困ったことがないかなど、気さくに話しかけてくれ、私たちも試合での疑問点などをよく質問していました。

彼らはフィンランドのモルック事情を詳しく話してくれました。さらに、日本での普及方法についても、アドバイスをくれました。

その結果、日本独自で日本国内のみの普及だけでなく、国際的に全世界にモルックを広げていく必要があると考えました。

例えばヨーロッパをみると、モルック発祥のフィンランドを中心に、フランス、ドイツ、エストニアなど各地でモルックはされており、そのために世界大会が成立するのだと感じました。つまり、日本国内のみで普及しても、やがては広がりの限界を迎え、いわゆるガラパゴス状態に陥り、いずれは衰退してしまうことを危惧しました。

日本ほどモルックがレクリエーションとしても、スポーツとしても繁栄している国はないと自負しています。

アジアのモルックリーダーとして、「日本から」近隣のアジア・オセアニアを中心に普及をしていくことが重要だと思いました。このような観点から、日本は早々にＦＩＭＡ加盟をしました。

日本はモルック界の中で、かなり国際的な立場で動いてきました。それは、モルックを通じた国際交流やフィンランド文化の伝達が、ＪＭＡ（日本モルック協会）として重要な理念と考えていたからです。

日本の加盟後に、フランスやドイツなどがＦＩＭＡに参画してきました。

名称がＩＭＯに変わった後も、毎年の会議に参加しています。そこで出会ったフランスのファビアン（ＩＭＯ前会長）、ドイツのウォルター、スロバキアのルボミール、エストニアのラグナーとは、モルックの話だけでなく他愛もない話をして、一緒に楽しいひとときを過ごしています。

その流れもあってか、２０１９年にはＪＭＡの事務局長をしていた妻が、ＩＭＯボードメンバーに加入することができました。ＩＭＯとのつながりをより強化し、日本国内のみならず国際的にも、日本のモルック普及をしていけるものと信じています。

ちなみに、フィンランドでは毎年、モルック普及に一番貢献した人を「Mölkky of the year」として表彰しています。この賞を何度も受賞しており、「さらば青春の光」の森田哲矢氏も尊敬するヤケとの出会いもありました。

ヤケはとても優しく、外国人でも気さくに話してくれます。自宅の庭をＤＩＹで開拓し、モルック場を作ったくらいモルックを愛しています。モルック場の作成過程を写真に収めており、苦労話とともに写真を見せてもらいました。

毎年、世界大会に出場した時には、会うたびに話をするようになりました。ヤケも日本が好きなようで、最近は「I ❤ Japan」のTシャツを着て会いに来てくれます。

ヤケとそのチームは世界大会優勝をするくらい強いチームで、前日練習などでは胸を借りて、必死に練習して技や戦略を教えてもらいました。ヤケとはじめて会った時彼はすでに50歳を越えており、今は60歳を越えていますが、近距離、中距離も精度が高く、縦投げもすばらしい技術をもっており、戦略も大変優れていました。モルックの技術、戦略を惜しげもなく教えてくれましたが、チーム内で投げる順番の極意だけは、何度聞いても教えてくれませんでした。

私もヤケを真似て、一時期両足をそろえて投げるプレースタイルにしたくらい、私にとっても目標のプレーヤーの一人です。

全国的な普及を実感

２０１７年ごろから、少しずつ全国にモルックが普及している実感がありました。そして友人のツテなどから、雑誌やローカル番組にも露出が増えてきました。とはいえ、まだまだ「モルックって何？」というレベルでした。

ですから、目の前のモルック体験会や普及イベント、そして大会運営で必死でした。本当に余裕がありませんでした。

designshop の森さんから「早く法人化したほうがいいよ」と助言をいただいていましたが、つい後回しにしていました。

２０１８年テレビ番組の企画で、芸人の「サンドウィッチマン」の富澤さんがモルックを体験して、楽しんでくださいました。全国的な有名人にモルックをしていただいた、はじめての経験だと思います。

その翌年の春、日本モルック協会に「モルックを体験したい」というメールが来ました。東京の方だったので、東京で活動しているボランティアの方にお願いして、その方をモルック体験会にお呼びしました。それが芸人の「さらば青春の光」の森田哲矢さんと、カナイさんでした。

森田さんはモルックを気に入ってくださったようで、翌月の東京大会にも参加していただき、会場を盛り上げてくださいました。

そして、その夏のフランス・サモエンヌで開催された世界大会に「キングオブモルック」として出場しました。

森田さんが撮影部隊と共にフランスのモルック世界大会に出場し、「さらば青春の光 Official Youtube Channel」で取り上げてくれ、156万回再生（2023/7/11時点）を記録しました。

大会中は、日本の各メディアだけでなく、フランスの地方メディアでも取り上げていただき、一気にモルックの知名度が上がりました。

例えば、以前はX（旧Twitter）で「モルック」を検索しても、月に数件、知人がつぶやいているかどうかという程度でした。ところが2019年夏以降は、1日に数件といったペースで増えていきました。つぶやく人は、自分の知らない人が多く、内容もモルックが楽しい、面白いというものばかりでした。Xで「モルック」を検索することが楽しい時期でした。「この調子で、どんどん普及させたい」と意気込んでいました。

2019年秋の日本大会は、満を持しての開催だったのですが、台風直撃で中止となりました。知名度を上げ、普及を促進させるイベントだっただけに悔しさも大きかったです。

函館に転居

たまたま同じころ、ずっと憧れていた北海道函館市に妻と転居しました。

その1年半後に福岡大学病院から声をかけていただいて、現在は福岡と函館の2か所で勤務しています。住み慣れて友人も多い福岡と、好きな函館の両方で働かせてもらえ、とてもありがたいと思っています。

転居するまで勤務していた久留米大学病院では、臨床に加えて、研究と教育の仕事がありました。朝8時から夜まで、どうにか仕事を終わらせ家に帰る生活でした。週末は学会出席や調べ物、論文執筆などで、充実した日々ではありましたが、多忙にしていました。モルックについて考える余裕も、それほどありませんでした。

一方で、函館では市中病院勤務となり、臨床が中心となりました。研究と教育の割合は大学勤務と比較し高くないため、定時出勤、定時退勤、ときどき時間外呼び出しがある程度の、ゆとりのある生活が送れるようになりました。

北海道の広々とした道路、広い空、そして四季折々の景色。これらを楽しむ時間も取れるようになり、妻と一緒にする食事もおいしく、豊かな時間を過ごすことができました。

そこで、久留米では十分にできなかったモルック活動も開始しました。転居後すぐに迎えた冬では、雪上でモルックをして、春以降は公園でモルックを楽しみました。

公私ともに、精神的にも肉体的にも、時間的にも余裕が生まれました。しかし「これから更なるモルックの飛躍を！」と思っていた2020年、COVID-19（新型コロナウイルス）の世界的大流行が起きました。

モルックの普及をしたくても、家から出てはいけない、人と話してはいけない……。

せっかくの普及のチャンスを逸したと残念に思っていました。

特に2019年からは、森田哲矢氏のおかげで、モルックが飛躍的に知られている状況でした。

2020年、2021年は公式大会を企画しても、COVID-19の影響で開催できず、焦燥感に苛まれました。みんなかなりイライラしていて、JMAスタッフの間でも意見が分かれ、もめました。

「モルックだからこそ、非接触スポーツだからこそ、COVID-19の時期でもしっかり感染対策すれば大会を開催できるはず!」という考えと、「絶対の感染対策はできないので、慎重に対応し大会は開催すべきでない!」という考え方です。

結果、「飛躍的にモルックが知られる状況だからこそ、社会的信用を落とさない行動をすべき」となり、いろいろと批判や賛同もありましたが、大会は開催せずに我慢して過ごしました。

このようなモルックの普及が動きにくい時こそ、組織の土台・地盤をしっかり整えるべきではないか。約10年言われ続けてきた、森さんの「法人化したほうがよい」という言葉を、いよいよ具体化する時期だと思い立ちました。

ＪＭＡ法人化

designshop の森さんとの出会いは、任意団体「日本モルック協会」を設立した翌年です。

この出会いは、非常に大きいものでした。

森さんには、モルック自体の普及や販売だけでなく、日本モルック協会についてのアドバイスもしていただきました。ＮＰＯでも一般社団でもよいので、法人化を早くしたほうがよいとの助言でした。

モルックを広げるにしても、そもそもモルックがどんなもので、どんな人たちが広げようとしているのかわからない。だからこそ、社会的に信用される団体にならなければならない、そうアドバイスしてくださいました。それがずっと頭の中に引っかかっていました。

雇われの勤務医として、そして大学教員として働いていた私にとって、法人化の必要性や、その意味がよくわかっていませんでした。日々の業務に追われ、法人化のメリットを調べる時間の余裕もありませんでした。

それに、協会スタッフはボランティアで協力してくださっていたこと、モルックの普及を優先していたことから、法人化は後回しにしていました。

行動力はあるほう、というかありすぎるほうなので、思い立ったらすぐに動きました。

2020年の5月ごろから法人化の作業を進めました。NPO法人と一般社団法人のどちらがよいのかなど、いろいろと調べました。そして最終的には、一般社団法人にすることに決めました。

そしてネットでいろいろ調べ、函館の山口英明行政書士事務所に連絡を取ることにしました。はじめてのことで緊張していましたが、とても親身になって相談に乗ってくださり、多くの助言をいただきました。そうして2020年7月14日、無事に一般社団法人を設立することができました。

行政書士の山口さんは、この後もいろいろと助言をくださり、2024年のモルック世界大会を函館で開催するにあたっても、たくさんのご協力をいただいております。本当に多くの方に支えられて活動できていると思います。

「明日から日本代表」

「明日から日本代表」というキャッチフレーズ。

なんだかとてもわくわくするキャッチーな言葉ですが、2021年までは本当にそのとおりで、世界大会といいながら、誰でも参加できるゆるい大会でした。まぁフィンランドらしいといえばそのとおりだと思います。

大会当日に休みが取れて、渡航費が出せて出場できれば、誰でも世界大会に参加できました。

2010年の世界大会に出場する日まで、「自分が日本代表」という意識はありませんでした。しかし、日本の国旗が掲揚されていることを目の当たりにして、興奮・誇り・責任を感じました。おそらく生まれてはじめての感覚でした。

当初は、日本からの参加は自分が出場する1チームしかありませんでしたが、2013年からは複数チームが Team JAPAN として出場するようになりました。チームごとに違う名前をつけるのではなく、「Team JAPAN 1」「Team JAPAN 2」といったチーム名にしていました。ユニフォームも新調し、日本の国旗を印刷したものにすることで、より日本代表という雰囲気を出すことができました。

日本での普及も、「明日から日本代表」というキャッチフレーズのおかげもあり、興味を持ってくれる人が増えました。人生で日本代表という肩書をもらえることなんて、そうそうないですから。そんなゆるい感じも、フィンランドのモルックらしくてよいかなと思っていました。

さて、そんな「明日から日本代表」というキャッチフレーズですが、モルックの普及が進んだ結果、２０２２年から使用しないことにしました。理由は二つあります。

一つ目は、日本代表の安売りをしないためです。モルックは遊技・レクリエーションでもあるのですが、一つのスポーツとして発展させていくうえで、誰でも日本代表では、日本代表の価値が下がってしまうことが問題となりました。

一般的に、スポーツ界の日本代表とは「世界規模で開催され、各国から代表選手がそれぞれ出場する催し事において、日本国を代表する選手として選抜された個人またはチームを指す語（weblio 辞書）」という認識だと思います。

選抜もされず、誰でも出られるものを日本代表と呼ぶことで、一般の方やスポーツ業界の方から誤解が生まれてくることが増えました。

そのままでは、モルック自体が変に誤解されてしまうと考え、「明日から日本代表」というキャッチフレーズの使用をやめました。

そこで「日本代表」は、1年間でJMAが認めた試合の上位者にポイントを付与、年間合計ポイントの高い人が選出されるもの、と定義し直しました。そして世界大会に出場する人を「世界大会出場者」と名称を変えました。

二つ目は、もっとモルックのコミュニケーションツールとしての魅力を全面に出したほうがよいと考えたからです。モルックをすると、コミュニケーションが増え、みんなが笑顔になります。モルックはみんなを笑顔にするツールとして最高のものだと思っています。

そこで次に打ち出したキャッチフレーズは「smile with you」です。

英語圏の方からすると、smile together のほうがよいのでしょうが、with you を使いたかったので smile with you としました。

年齢・性別・障がいの有無に関わらずみんなが笑顔になる、笑顔にさせようという思いを込めています。

モルックがテレビ番組に

2020年からMXテレビ(TOKYO MX)で、「さらば青春の光のモルック勝ったら10万円!」という番組がレギュラー放送されました。キングオブモルックの、森田さん、みなみかわさん、カナイさんたちが活躍する番組です。

モルック番組が30分間レギュラー放送されることなど、まったく思ってもいませんでした。

当時私は福岡在住だったため、番組をリアルタイムで見ることもできず、風の噂で聞く感じでした。番組制作については当時協会は関わっていませんでしたが、テレビの露出が増えればモルックを知る人も増え、更なる普及につながるのではと意気揚々としておりました。

風の噂では、MXテレビ内でも上々の評判ということで、しばらく番組は継続していくと聞き、とても嬉しく思いました。

その後は、番組名がシーズンごとに変わり、「さらば青春の光のモルックスタジアム!」

「キングオブモルックのモルックスタジアム！」「キングオブモルックのモルック大作戦!!」となりました。

2021年4月からは、放送時間帯もゴールデンタイムに変わり、芸能人やハローキティなども出演するようになりました。このころから、少しずつ協会がMXテレビに関わることが増えてきて、一緒にモルックを普及していく形になりました。

2022年後半は、協会スタッフも番組出演させていただき、協会公認のモルック番組という形を取らせていただくことができました。

2022年の世界大会に出場した日本代表選手（板倉右京選手、津坂茂弘選手、山口賢治選手）も、チームとして出場してくれ、モルックの競技・技・戦略というところをしっかり見せてくれました。

番組自体は好評と聞いていましたが、継続していくことが困難との理由で2022年10月27日を最後に放送は一旦終了しています。

ただ、準備がととのい次第再開していくと聞いておりますので、協会としては再開してくれることに大きな期待を寄せています。

いずれにせよ、おそらく世界ではじめてのモルックのレギュラー番組だと思います。テレビは不特定多数の方にモルックを伝えることが可能なツールです。さまざまな人にモルックの魅力を発信し、子どもからシニア、障がい者含めてみんなで一緒にモルックを楽しんで、笑顔になってくれれば嬉しいです。

ちなみに、「キングオブモルックのモルック大作戦!!」の一旦中止をひきつぐ形で、YouTubeで「JMAのモルック大冒険」として、チャンネル名を一部踏襲して続けています。

この「JMAのモルック大冒険」では、アパレルメーカーのジャーナル・スタンダード・レリュームさん、映像撮影・編集のエビリーさん、そして協会スタッフが三つ巴となって取り組んでいます。モルックを普及させていくために、YouTubeで定期配信しています。

世界大会を函館に誘致

2011年に協会設立をした時から、「いつか世界大会を日本で開催できたら」と思っていました。

しかしそれも、「自分が退職した後の2040年くらいにできればいいなぁ」くらいの気持ちでした。それもそのはずで、協会設立当初はメンバーが10人もいない状況でしたから。まずは日本での普及、そして大会を開催することに注力してきました。

それだけで精一杯で、「世界大会を日本で」という願いは、普段は思い出すこともほとんどありませんでした。

しかしキングオブモルック、そして森田さんのおかげで、2019年ごろから「世界大会を日本で」ということが現実味を帯びてきました。とはいえ、日本で開催するだけの選手層、スタッフ、財力はまだありませんでした。

2020年、JMAが一般社団法人化する時に、三つの目標を掲げました。

1　2025年までに世界大会を日本に誘致する
2　パラリンピック種目に登録する
3　誰でもどこでもモルックができる環境を作る

一つ目の目標に掲げましたが、協会内部でも2025年までに世界大会を日本に誘致することは難しいという声が強くありました。

コロナ禍の影響もあり、2020年、2021年の公式大会はほぼ中止となり普及具合を測ることも難しい状況だったからです。無理する必要がどこにあるのか、という反対の声も正直ありました。

しかし、モルックの普及の推進、モルックの流行の継続を考えると、2025年では遅いと判断しました。

そして私が強引に決めた感はあるかと思いますが、2022年春に「世界大会を2024年に日本で開催しよう、誘致に全力を尽くそう」と決めました。

それから1か月でIMOへの提出書類を作成し、8月に行われるIMO会議に向けてプレゼン資料を作成しました。

日本の普及を確実に定着させる起爆剤にしなければならないという思い、そしてこれまで普及活動をしてきた集大成でもあり、日本で開催する意義をしっかりと資料に詰め込みました。

プレゼンの時は、各国に日本を紹介する手土産として「飲むあんこ・theANko（株式会社UNDERWATER）」のJMAバージョンを作成していただき、これを配付しました。

日本らしい手土産を模索していた時に、株式会社UNDERWATERの社長さんからここぞというタイミングで提案をいただきました。あんこは和を代表するものであり、また「飲むあんこ」は競技の合間の糖分補給にピッタリだと思い決めました。

そして迎えた8月20日、ＩＭＯ会議の当日。

この時のＩＭＯ会議は正直、とてもいびつなものでした。

手続上、２０２４年の世界大会立候補のための候補国は、8月のＩＭＯ会議2か月前に、申請書をＩＭＯに提出しなければいけませんでした。この時に申請した国は、じつは日本だけでした。

２０２４年はフランス・パリでオリンピック・パラリンピックが開催されます。２０２４年のモルック世界大会もフランスが立候補をしようとしていました。

フランスは、エッフェル塔の下で大会を開催したいということで、パリ市に大会運営許可を申請していたようですが、パリ市からの回答が得られずＩＭＯに申請書を提出できていませんでした。

この時点で日本開催が決定のはずなのですが、フランスは食い下がります。「パリ市からの許可がまだ下りていないだけで、フランスのオリンピックにあわせて2024年はとにかくフランスでモルック世界大会をすべきだ」と強く言い張っていました。

正直、IMOが毅然とした対応をしてくれれば何ら問題ないのですが、なぜかIMO会議では日本とフランスがプレゼンする、というおかしなことが起きていました。

そもそも申請していないフランスが、プレゼンすること自体がおかしいとIMOに抗議しましたが、受け付けてもらえませんでした。まったく理由にならないというか、茶番みたいな話がまかり通ります。これが世界を相手にするということなのかもしれません（IMOの組織が脆弱なところもあるかもしれませんが）。

プレゼンする資格のない国から、フランスの優位性をアピールされ、日本開催でのネガティブキャンペーンをされるという意味のわからない状態でした。

その後、「日本開催でよいか」だけの投票が各国からされ、ほぼ満場一致で日本開催が決定しました。「ほぼ」というのは、フランスの1か国だけ賛成しなかったからです。

何にせよ、日本での2024年世界大会開催が決定しました。

「日本であの感動を共有できる」という喜びと、「世界大会をしっかりと日本らしく開催できるだろうか」という不安が入り交じる、不思議な感覚でした。

大きな目標の一つを達成できる、そのめどが立ちました。日本でのモルック普及をより広げ、さらに続けていけるような布石になればと願っています。

そして、日本のモルックプレーヤーにはぜひ、世界のモルックプレーヤーと交流してもらいたいです。日本人だけでなく、世界中の人たちとモルックを通じた国際交流を区別・差別なくしていただければ本望です。

Column

日本モルック協会

公式アンバサダー紹介

モルックを続けてくれて、ありがとうございます。

現在、公式アンバサダーは６名です。
ここでは森田さん、植田さん、みなみかわさん、カナイさんの
４名を紹介させてください。
田中選手、ノーラさんは第３章で御紹介します。
皆さん、いつもモルックをしてくださって
本当にありがとうございます！

1

森田哲矢さん

profile

株式会社ザ・森東の代表取締役社長。相方の東ブクロと「さらば青春の光」を結成。2匹の猫を飼っており、愛猫の名前は「会長」と「専務」。写真集「さらば青春の光の会長はねこである」も大好評。
2019年4月モルックと出会い、世界大会出場を即決。「キングオブモルック」を結成。アンバサダー就任前からモルックの魅力を広く伝え、モルック人気を爆発させた立役者。
YouTubeチャンネル「さらば森田の五反田ガレージ」も好評。テレビ番組・ラジオ番組など多数出演。
XとInstagramは「@saraba_morita」

著者からのアンバサダー紹介

「有言実行のムードメーカー」

はじめは森田さんから問い合わせをいただき、その後すぐに体験に来てくれました。そこから東京大会、世界大会まで行ってしまうという、とても行動力のある、有言実行の方です。クラウドファンディングで世界大会の渡航費を賄うなど、「モルックといえば森田さん」という形で知名度も作られ、お笑い含めすごく才能のある方だと思います。

大会では、チームである「キングオブモルック」をうまく盛り上げ、チーム全体が笑顔でプレーできるように気配りをされています。ムードメーカーという表現がぴったりです。

森田さんは、こちらから無茶ぶりしても、嫌な顔をせずきちんと応えてくれます。動画制作でご一緒する際、私がガチガチに緊張しているときには、いじってくれて、なごませてくれる優しい人です。

　モルックをここまで広めてくれて、本当に感謝しています。これからも「キングオブモルック」の勇姿を楽しみにしています。

　世界大会優勝を目指してがんばってください。

森田哲矢さんからのメッセージ

　なんの気なしにはじめたモルックが、ここまでたくさんの人に認知されるようになって本当に嬉しいです。

　何よりも自分の人生で絶対になることはなかったであろう『日本代表』にならせていただき、本当にありがとうございます。

2

植田圭輔さん

profile

2006年「ジュノン・スーパーボーイ・コンテスト」ファイナリストに選出され、翌2007年舞台『少年陰陽師《歌絵巻》』主演にて俳優デビュー。2022年で俳優生活15周年を迎え、この間約120作の舞台作品に出演。現在、植田鳥越・口は〇〇のもとTV（BS11）、植ちゃん・学のなにわもぐもぐラジオ（MBSラジオ）がレギュラー放送中。音楽活動も好評で、2023年3月15日には4枚目のCD『RE』を発売。

著者からのアンバサダー紹介

「爽やかなサウスポー」

　植田さんをはじめて知ったのは、Xです。とても熱心にモルックをされていたので、この人にアンバサダーを頼みたいと、ダメ元でお願いしたところ、気持ちよく引き受けてくださいました。人気俳優なのに、腰が低くて優しい方だなぁと思ったのが第一印象です。

じつは植田さんが出場する予定の試合が、コロナの影響でことごとく中止になり、実際にプレーを見る機会はありませんでした。「あつまれっ!炎のモルッククリーグ!」で、俳優仲間と楽しそうにモルックをしている姿を見て、この方にお願いしてよかったなと改めて思いました。

アンバサダー就任式の時にはじめてお会いしたのですが、一緒に出ていた森田さんを立てながらお話しされるのを見て、爽やかなだけでなく、気配りもできトークもうまい方だと思いました。ぜひモルックミュージカルも観てみたいですね。

植田圭輔さんからのメッセージ

僕は自分がモルックを楽しむのと同時に俳優仲間や知人、ファンの方々などにモルックの楽しさを紹介してきました。

そしてモルックを通じてたくさんの方と仲良くなれたのはとてもありがたいことです。

俳優界一のモルック好きとして、これからもまだモルックを知らない方や子どもたちにも、すばらしいモルックの魅力を伝えていきたいと思います。

そしてなるべく多く大会にも出たいし、モルック好きの俳優や森田さんを筆頭に芸人さんたちが出演する、モルックの映画や舞台ができたらいいなあとも思います。

アンバサダーとしてこれからもモルックをどんどん盛り上げていきたいです!

皆さん一緒にプレーしましょう!

3

みなみかわさん

profile

『ゴッドタン』や『さんまのお笑い向上委員会』などの人気番組に出演し、ジワジワとブレイク中の遅咲きのお笑いピン芸人。呼吸法で痛みを無くすロシアの武術「システマ」を体得中。総合格闘家、YouTuberとしての顔も持ち、嫁が先輩芸人たちにDMで仕事の売り込みをしていることも各メディアで話題に。「キングオブモルック」のメンバー。
Xは「@p_minamikawa」

著者からのアンバサダー紹介

「冷静な影のリーダー」

みなみかわさんは、体格がいいし、話し方もぶっきらぼうな感じではあるけれど、全然嫌な感じのしない人だな、というのが第一印象です。

キングオブモルックの中では、一番まわりを冷静に見られる人です。チーム全体の雰囲気が落ちたときに、ムードメーカーの森田さんを鼓舞して、引っ張っている頼りがいのある方です。影のリーダーといえるのではないでしょうか。

勝負時の強さは、本当にすごいなと感心します。芸人生活や格闘技で鍛えられているのだと思いますが、メンタルの強さを感じます。

モルックでは、中距離単品がカナイさんと並んでうまいです。羨ましいくらいの体格を活かして、これからは長距離もぜひ魅せてください。

みなみかわさんからのメッセージ

モルックをはじめてから、「俺もいつかアンバサダーになれるのかな」と期待していたので、正直嬉しいです。練習もがんばりすぎて「モルック肘」にもなっちゃいました。

モルックをはじめてから、いろんな人との出会いがあり、つながりができたことは、とてもありがたいです。すべての人が楽しめて盛り上がれるスポーツ、それがモルックの魅力です。その魅力をこれからももっとたくさんの人に知ってもらえるように、キングオブモルックのメンバーとして世界大会も頑張りたいと思います。

4

カナイさん

profile

「どの大学にも700人いる顔」のキャッチコピーで活動中のお笑いピン芸人。元ロッテ社員でアイスやスイーツが大好きで『アメトーーク！』の「アイスがなきゃ生きてイケない芸人」や「チョコレート大好き芸人」に出演。自作のオリジナルアイス「Kanaiian iCE（カナイアンアイス）」をイベントで販売した経験も。YouTubeチャンネル「カナイアンアイス」も好評。「キングオブモルック」のメンバー。Xは「@takasee0211」

著者からのアンバサダー紹介

「チーム一番の戦略家」

カナイさんは以前、営業マンもされていたということで、芸能人ぽくないのが魅力ですが、大きくよく通る声を聞くと、芸人さんだなぁと思います。

モルックの投擲フォームに人一倍悩んで練習し続け、去年ついに開眼して、中距離がすごく決まるようになった努力家です。投擲に安定感がでて精度が高く、とても感心させられます。

モルックの試合は戦略がとても重要なのですが、それを一番気にしているのは、カナイさんだと思います。試合中も何度も点数を確認して、次の戦略を考えられる方です。

試合直前まで黙々と練習される方なので、試合本番で、ついモルッカーリを踏み越えてしまいそうになることが多く、何度も服を引っ張ってしまいました。ごめんなさい。その探究心を活かして、更に強いチームになってください。

カナイさんからのメッセージ

モルックをはじめてからアンバサダーに決まるまで、ここまでが長かったですが楽しみながら続けていて本当によかったです。

モルッカーリを踏み越えそうになり、ユニフォームを会長に何回引っ張られたかわかりません。後半は会長も怒ってた気がします。

僕らがアンバサダーになったからには、自分たちの頑張りも見せながら、もっともっとモルックを盛り上げていきたい、世界大会で日本チャンピオンを作りあげたい、というのが目標です。２０２４年の世界大会は初の日本開催ですので、これからの盛り上がりが楽しみで仕方ありません。皆さん、一緒に楽しみましょう！

第3章

モルックとフィンランド文化

3

フィンランドでの生活

2008年5月からヘルシンキに住みはじめました。到着してすぐにヘルシンキ大学の生物医学研究センターにある、分子神経学部門のアヌ・ヴァルティオヴァアラ教授の研究室に挨拶に行きました。

そして翌日から研究の日々がはじまりました。滞在した3年半、臨床は一切せずに、ミトコンドリア病の研究に専念しました。

フィンランドでは時間がゆったりと流れています。

研究室では、ベテランは朝8時前に出勤して、15時ごろに帰宅していました。7時30分ごろから数人でコーヒーを飲み、研究の話や日常の話、今度の休みの話など、雑談していました。昼食は11時前くらいに取りはじめ、一旦仕事に戻り14時前くらいから、またコーヒーを飲みつつ雑談していました。夕方以降や週末・祝日に出勤することは、ほぼ皆無でした。

大学院生たちは給料をもらいながら、朝来て、少ししたら11時ごろに昼食。14時ごろにコーヒーとクッキーを食べながら楽しそうに話し、16時過ぎに帰宅するような感じでした。

私はそれまでの習慣で、9時に出勤、18時過ぎに帰宅することにしていました。帰宅は自分が最後のことが多かったです。マウスを用いた実験をしていたこともあり、週末も1〜2時間の出勤がありました。フィンランド人から見ると、「勤勉な日本人」というイメージそのままの働き方だったと思います。

留学の後半になると、帰宅も夜遅くなり、週末もかっちり8時間勤務してしまい、働き過ぎだと注意されました。私自身の働き方はフィンランド人から見ると、とても勤勉で働き過ぎに見られていましたが、日本での働き方と比較すると、ずいぶんと余暇を取ることができました。

週末は多くのイベントに出席したり、近郊の町を散策したり、フィンランドを満喫しました。

有給休暇もたくさんもらえたので、週末を利用して2〜3泊の欧州観光をしました。欧州はLCCが発展しているので、日本国内の移動と変わらない交通費で各国に行くことができます。

34歳ではじめての海外・米国を訪れ、35歳でフィンランドに留学という人生でした。しかし、フィンランドにいる3年半で、17か国（スウェーデン、ノルウェー、エストニア、リトアニア、ラトビア、ウクライナ、ポーランド、英国、フランス、スペイン、ギリシャ、スイス、イタリア、バチカン、スロバキア、チェコ、オーストリア）を訪れることができました。

各国の文化、日本との比較など、私自身の人生観・価値観に大きく影響したことは間違いありません。日本にいる時は、自分が日本人であるとか、日本という国について深く考えることがありませんでした。

しかし国外に出ると、自分が育った日本の文化と他国の文化を比較することが多く、「日本人」「日本国」という単語や、自分が日本人で日本で育ったことを意識させられます。逆をいえば、日本人としての誇りを持つことができました。

フィンランドの生活では、季節と共に生きる、自然と共に生きることを体感しました。

春は日も長くなり、緑が一斉に芽吹きます。桜も咲きますが、あっという間に散ってしまいます。

夏至を迎え、みんなで夏の暖かさに感謝します。冬の日照時間の短さを取り返すべく、とにかく夏は外に出ます。何か月も前から夏休みの計画をするのが、フィンランド人です。それくらい楽しみにしているのが夏です。各種ベリーが出店で売られ、スーパーマーケットの食材も一気に増えます。森に行けばベリーを摘むこともできます。

研究室のメンバーも、早く帰ることばかり考えています。大学院生にいたっては、夏は昼前に来て、昼過ぎに帰るような感じでした。

秋になると、きのこ狩りをします。フィンランド人は、各人でお気に入りのきのこスポットがあるようです。

知人に連れて行ってもらったのですが、森の奥深く、人や車の音がまったく聞こえない広い場所で、きのこ狩りに夢中になってしまい、遭難する不安を覚えたこともありました。きのこ狩りの途中では、コーヒーとクッキーで休息して、再びきのこを探しに行きました。

冬の期間は長く、1年の半分は冬です。ヘルシンキの気温はマイナス10度程度で、北緯60度の割にそこまで寒くありません。室内はセントラルヒーティングのおかげで、常に21度をキープされていました。日照時間も短く、冬至のころは真っ暗な中で出勤し、真っ暗な中を帰宅しました。「もう夕日が……」と思っても14時ごろだったりします。

冬はやることも少ないので、みんな仕事に打ち込みます。クリスマスと次の夏休みの計画をするのが冬です。

そして、「豊かな人生とは何か」という哲学的なことも考えるきっかけとなりました。フィンランド人はとにかく仕事を休むことを考えていました。

週の真ん中の水曜日はリトル土曜日で、少し休息する日と言っていました。月曜日は週明けで気持ちが沈んでおり、火曜日は早く水曜日（リトル土曜日）にならないかなと思っており、水曜日は少し早めに帰ります。木曜日は週末の二日前なので少しリラックスしがちです。金曜日は週末前なのでかなり浮き足立ちます。週末はもう仕事のことなどきっと考えません。

休みに何をしようか？　家族と過ごす、友人と過ごす、自分のしたいことをする、ゆっくり休息するなど、自分を満足させる、心を満たすことを重要視していました。

また、大学院生を中心にさまざまなスポーツを体験することができました。カーリング、スケート、スキー、テニス、ゴルフ、バドミントン、バスケットボール、バレーボール、フライングディスク、アーチェリー、ペサパッロ（フィンランド野球）、クッブ（スウェーデン発祥の薪投げゲーム)、そしてモルック。

私はエレキギターが弾けたので、ポスドクや大学院生とバンドも組みました。

研究室の大学院生も、20代から50代まで年齢もさまざまでした。バックグラウンドも、女優をしていた、SEをしていた、サーカス団員だったなどさまざまで、研究したくなったから今は勉強しているという感じでした。大学院を卒業したら、歌手になる、そのまま研究を続けるなど、こちらもさまざまでした。彼らは自分の欲望に忠実に生きているように見えました。しかしそれが決して利己的ではないように見えました。

ユニバーサルな考えを自然に身につけられたのもフィンランドならではと思います。

当時は、出産後の1年間は給料の60%が保証される、3年間は役職が保証される、一人子どもが生まれると月額3万円くらいもらえる、産後休暇は両親合わせて1年間もらえるなど、男女問わず同様の権利がもらえていました。

専業主婦という考えはなく、女性が働くことは当たり前、女性が重い荷物を持つのも当たり前、男性が料理を作るのも当たり前。日本での当たり前とされている価値観がよい意味で崩れました。

日本ではようやく男女共同参画とか、女性の働き方改革といったような段階ですが、最終的には男性が定時に帰宅できるようにするなど働き方を変えて、男女が同じ働き方になる必要があるのかなと思っています。

フィンランドではどこに行っても、車椅子用のエレベーターやスペースがあり、街中でもハンディキャップを持った人が日本よりも外に出て活動している印象を持ちました。フィンランド人はさまざまな人たちが共生するユニバーサルな社会に誇りを持っているように思いました。

フィンランド滞在の3年半で、人生の価値観が大きく揺さぶられました。なんらかの形でフィンランドのようにさまざまな人たちが共生できるような、日本のユニバーサル化に貢献したい。そう強く思うエネルギーをいただいた、とても貴重な期間でした。

私と英語

海外留学はまったく考えていなかったこともあり、英会話を学ぶこともなく、積極的に英語に触れてこなかった人生でした。

しかしフィンランド留学が決まってから、実際に留学するまでは6か月間しかなく、慌ててゼロから英会話を習うことにしました。当然ですが、医師の仕事が減ることはなかったので、どうにか週1回の時間を作り、外国人との対面英会話をはじめました。

しかし英会話の基礎知識がない状態で、通常の仕事をどうにかやりくりしながらの英会話だったため、残念ながらその時に習ったことはほとんど覚えていません。

海外旅行にも行ったことがなく、英会話もできずに海外留学を決めるほど、楽観的な性格です。海外に住んだら英会話はできるようになるだろうと思って、フィンランドに引っ越しました。ですが、カフェでコーヒーを注文するにも相当苦労するレベルでした。

これはたまたまかもしれませんが、まったく会話ができないと周囲の人が本当に親切に手助けしてくれました。

はじめは留学先が斡旋してくれたシェアハウスに住んでいたのですが、シェアハウスでの共同生活に限界を感じ、1か月でアパートを借りて住むことにしました。その際も、私が英会話もフィンランド会話もできないのを見かねて、フィンランド在住の日本の方がアパート探しから大家との交渉まですべてしてくださいました。本当に感謝しかありません。

その後3年5か月間、そのアパートに住み続けました。

日本語で書かれた英会話の本を数冊買い、大学で外国人のための英会話講義も受けました。しかし留学して半年が経っても英会話の成長があまりみられず、とうとう留学先の上司から「会話できなくても筆談でやりとりできる……だけど疲れる」と言われる始末でした。

そこから在日経験のあるフィンランド人と対面英会話をはじめ、約3年間続けました。留学して1年くらいして、ようやくなんとなく英会話が通じるレベルに達しましたが、まだまだ聞き取りが苦手でした。

そんな中、『ネイティブなら子どものときに身につける　英会話なるほどフレーズ100』という本が自分にあっていたのか、その本をやりはじめてから飛躍的に英会話能力が上がりました。

その時に感じたのは、簡単なフレーズをしっかり覚えることの重要性でした。ちょうどモルックをしはじめたことも相まってでしょうか、研究所のかたよった科学英語だけでなく、日常会話やスポーツで相手を応援する会話などもできるようになっていきました。

フィンランドと日本の共通点

さまざまな本やメディアでは、フィンランドと日本には多くの共通点があると言われています。例えば、家では靴を脱ぐ、裸の付き合いがある、人との距離が遠い、おとなしい性格、時間厳守、正確な交通ダイヤ、森林面積、魚を食べる文化、言葉の音などはよくいわれるものかと思います。

家で靴を脱ぐのも、留学途中で気づいたくらいで、何も考えず日本の感覚のままに玄関で靴を脱いでいました。しかし欧米のテレビを観ると、彼らは土足で家の中に入っています。これは他人から言われてはじめて気づいたことです。

サウナ発祥のフィンランドなので、裸の付き合いも当たり前の感覚でした。ホームパーティーでは、開催宅のサウナにみんなで入って、サウナ上がりにタオル一枚でビールを飲みながら談笑し、身体が冷えたらまたサウナに入るという繰り返しでした。

ちょうど同時期に英国から来ていたクリスは、サウナは嫌いではないけれど、みんなで入ることに大きな抵抗があったようです。一人ではサウナに入っていましたが、集団では入ることはありませんでした。

そして、ミトコンドリアの国際学会が日本であった時に、フィンランド人も何人か来日しました。彼らは日本の温泉に入ることに何の抵抗もありませんでした。しかし、クリスはかなり抵抗があったようです（最終的には入りました）。

時間厳守、時間どおり電車が来るのも日本と同じでした。会議の時間なども定刻どおりはじまります。電車も天候等の事情がないかぎり時刻表どおりに来ました。これもまったく当たり前のことだと思っていました。

しかし、ヨーロッパ各国に旅行に行くと、時間どおりに電車が来なかったりします。フィンランドがむしろ珍しい国ということもわかりました。

もっとも記憶に残っているのが、英国の地下鉄で、急に行き先が変わることや、次の電車が遅れているがいつごろ来るのかもわからない、ということがありました。

行き先が急に変わるなんてあり得ないし、いつ来るかもわからないなんて考えられない！　と思いましたが、外国では珍しくないとのことで、日本とフィンランドにしか住んだことがない自分からすると想像できない感じです。

人との距離が遠いというのは、パーソナルスペースを確保するという意味でしょう。例えば、米国などの映画、ドラマを観ていると、人と人との距離が物理的にもメンタル的にも近く感じます。

しかしフィンランドでは、例えば何かで並ぶときには、パーソナルスペースを確保してある程度の距離をあけて並びます。これはパーティーなどでも、密接にくっつくことなく、ある程度の距離をおいていることが多いかと思います。このあたりは日本人の感覚と同様かと思っています。

フィンランド人が、自然をとても大切にし、「自然と共に生きていく」ということを日常から口に出して言っていたことが思い出されます。日本も森林が多いので、自然に対する敬意という点に関しても、共通するところがあるのではないかと思います。

サーモンやムイックといった魚を食べる文化も共通です。ちょうど私が留学していた時、フィンランドは寿司ブームでたくさんの寿司店ができていましたが、フィンランド人は刺身での提供もすんなり受け入れていました。先ほどの英国人のクリスは、魚の生食ができませんでした。おかげでヘルシンキという小さな町でしたが、日本食、特に寿司店が多く日本食に飢えることなく過ごすことができました。

言葉の音については、特に母音の音がほぼ同じようです。öやäもそのまま「オ」と「ア」の発音で通じました。フィンランド語は、そのまま日本語読みすれば十分に聴き取ってもらえました。

そのため逆もまたしかりで、日本語をそのままフィンランド語読みしても問題なく聴き取ることができました。同僚のフィンランド人ヘンナからも、日本人の私の発音が外国人の中で一番わかりやすいと言われました。それだけ母音の発音がフィンランド語と日本語で似ているのだと思います。

ヨーロッパでは野球はあまり盛んではありませんが、フィンランドではペサパッロというフィンランド野球が盛んなところも日本に似ていると思います。日本の三角ベースボールに近い感じです。小学校や中学校の体育では、男子も女子もするみたいですし、夏はテレビで中継を観ることもできました。

個人的には、精神的にコアとなる部分が似ていると思っています。

フィンランド語の「sisu（シス）」はフィンランド魂というのでしょうか、日本の武士道というか大和魂というところに通じていると思います。シスは、厳しい状況において困難に立ち向かう勇敢さ、忍耐、精神的支柱などといわれています。寒さが厳しい中で、我慢強く耐え抜くイメージです。つらいことがあっても、大声を出したりせず、耐え忍ぶことが美しいという感じでしょうか。

そういうところが日本人と似ているところもあり、フィンランド人と話していてもせかされるようなこともなく、またこちらも虚勢を張る必要もない雰囲気で、居心地が非常によいです。

モルックをフィンランドと日本の架け橋に

3年半のフィンランド生活で、自分の生活スタイルは少し変わりました。

留学当時、sustainable（サステナブル）という言葉は一般化していなかったと思うのですが、フィンランド生活を経験し、少々値が張っても「長く」「持続的に」「繰り返し」使えるようなもの、いわゆるサステナブルを好むようになりました。はやりを頑張って追うのもよいですが、自分のよいと思うものを身につけていく感じです。

フィンランドの家具や鞄、服などは、まさにサステナブルなデザインのものが多いと思っています。私は日本製でも、サステナブルなものを選んで身につけるようにしています。それは流行とは少しずれるものもあるかもしれませんが、他人は他人ということで流せる強さも身につけたのかもしれません。

自分が思ったことは自分の管理下で実行することも、フィンランド流だと思いました。これは利己的、自己中心的になることではありません。他人と協調しながら、自分の時間は誰のためでもなく自分のために使うことが大切である、という感覚です。

私の場合ですと、患者さんのため、パートナーのため、友人のため、後輩のため、先輩のため……とついつい人のために動いてしまいがちです。そうすると、自分の時間がどんどんなくなり、結局は自分のメンタルが疲れてしまう。そして結果としてみんなに迷惑をかけてしまうという、悪循環な部分がありました。とはいえ、そういう自分も嫌いではなかったのですが、身体は正直でいろいろなところにダメージを負うことになりました。

ダメージを負うと、本来できることもできなくなります。フィンランド流の、自分の時間は自分のために使うことの重要性を認識することができました。結局は、自分の心身の健康が周囲をハッピーにすることだと思えるようになりました。

フィンランドで得たフィンランド流の考えと文化、ライフスタイルを真似ることとは、フィンランドかぶれと言われるかもしれません。しかし、フィンランド文化のよいところと日本文化のよいところを、自分の生活スタイルにあわせて融合させていくことが、留学した自分にできる恩返しであり、一つの使命かと思っています。

モルックというフィンランド文化がいっぱい詰まったすばらしいものを、日本に持ち帰って普及することで、フィンランドと日本をつなぐ架け橋になればなおよいと思っています。

フィンランドのモルック事情

フィンランドでは、多くの人がモルックを知っています。しかし大人気か、というと、日本ほど大人気ではありません。

流行などがあるわけでなく、コンスタントに「夏にコテージで家族や友人と楽しむもの」「夏に公園で友人と楽しむもの」です。夏になると近所のスーパーマーケットでも売られます。そして夏が終わると値引きされ売られている光景があり、夏の風物詩的なものです。

そんなフィンランドでも、モルック活動が盛んな地域がいくつかあります。以前のモルックの聖地ラハティ、現在の聖地ポリ、そして首都ヘルシンキ、2023年の世界大会開催地であるヒュビンカーなどでしょうか。

そこでは、モルックリーグと同じように、地域で定期的に開催される地域リーグや練習会、ミニ大会が開催されています。地域リーグや練習会は、飛び込みでも快く受け付けてくれます。私もフィンランドに遊びに行く時はヘルシンキのモルック団体に連絡を取って、モルックで国際交流をしています。


ここで、アンバサダーのノーラ・シロラさんと田中亜土夢選手のお二人から、フィンランドのモルック事情について詳しく教えてもらいましょう。

寄稿

ノーラ・シロラさん

profile

フィンランドタンペレ市出身。2018年タンペレ大学大学院卒業後、2019年から駐日フィンランド大使館商務部兼フィンランド政府観光局でプロジェクトコーディネート、観光推進、PR＆マーケティング、フィンランドの魅力をさまざまなメディアで発信。2022年4月からは北欧旅行フィンツアーが東京表参道で展開する多目的北欧カルチャースペース「Hyvää Matkaa!」のプロジェクトマネージャーを務めながらフィンランドと日本をつなぐコネクターとして活動。2020年10月には『世界ふしぎ発見！』にミステリーハンターとして出演。2023年5月より日本モルック協会公式アンバサダーに就任。

XとInstagramは「@noorasiro」

フィンランドの夏といえばコテージ、サウナ、自然。そしてモルック

森の中の湖畔に位置しているシンプルな木製のコテージで、太陽が沈まない夏の長い一日を、ゆっくりのんびり過ごすフィンランドの夏。フィンランド人は長い夏休みを取ることで世界中に知られています。

仕事と休暇の時間をはっきりわけて、ワークライフバランスを大事にしています。多くの人は長い夏休みに森の中へ移動して、シンプルなライフスタイルを過ごすことで疲れを吹き飛ばします。

ゆっくり外のテラスでモーニングコーヒーを飲んで、森を散策してベリーを摘んで。本を読んで編み物をして、おいしい季節のものを食べる。サウナに入って湖に飛び込んで、桟橋で気持ちのよい風を感じて自然と一体化する。何もしない時間を過ごしたり、リアルなことに夢中になったりして、心も体もリラックスします。

コテージで過ごすフィンランドの夏には、あるものがよく登場します。そうです、モルックです。

フィンランド人にとってのMölkky

日本ではモルックはスポーツとして普及していますが、フィンランド人にとってはじつは遊び、ゲームの感覚が主流です。競う、勝負するというよりは、遊びであり、友だちと楽しく時間を過ごすときに楽しむことが多いです。

フィンランド人にとってのモルックは、夏休み、コテージ、サウナ文化に強いつながりがあります。ほとんどのコテージにはモルックセットがどこかにあるほどです。倉庫の奥など探せばどこかにある（もしかしたらボロボロ）、ほぼ

当たり前のようにあるもの、身近なものです。

モルックで遊ぶシーンを考えてみると、のんびりした夏の一日の夕方、サウナを暖める時間が近づいてきます。薪を割ってサウナに火をつけて、夏の醍醐味であるコテージサウナタイムを待つ。

私の中では、モルックの登場シーンといえば、今。

多くのフィンランド人は片手にビールを持ち、モルックをゆるく投げたりして、サウナまでの時間を楽しく過ごすのです。点数さえそこまで気にせず、仲間と楽しむのが目的です。勝負をしないとはいえ、一度やり出したら思わず本気になってしまいます。私もそうです。

モルックの思い出

ほとんどのコテージにはモルックセットがあると書きましたが、なぜか私たちシロラ家にはありませんでした。なんでだろう。

それでも、子どものころのモルックの思い出が強くいまだに残っています。それは「Juhannus（ユハンヌス）」の時モルックで遊んだことです。

フィンランドの年間行事でクリスマスと同じぐらい大事なのは、一年で一番日の長い時期を祝う夏至祭、ユハンヌスです。

フィンランドは冬が長くて日照時間が短いので、ようやくやってくる夏、フィンランドが一番輝いている季節をとても大事にします。

子どものころは、夏至祭を毎年友だち3家族と集まって過ごしていました。どこかの湖畔のコテージでサウナ、BBQをして、夏の夜のない夜、白夜を楽しむのです。

みんなが集まったらフィンランド国旗を掲げ

て、フィンランド国歌を歌って、フィンランドの夏を心からエンジョイします。

この時はいつも当たり前のように妹と姉、友だち家族の息子さんとみんなでモルックで遊んでいたことを思い出します。いまだに思い返すとほっこりする思い出です。

正直まったく特別なことではないですが、なんかシンプルなことをエンジョイして、一年に一度だけ会う友だちと遊んで友情を大事にしていました。誰が優勝したとか、誰がうまかったとか、まったく記憶がありません。ずっと当たり前のように、ただのゲームのように思っていました。

気づいたら親の声が聞こえてBBQができあがり！

夏の旬の食べものである、あま〜い新じゃがいも、おいしい季節の野菜や魚、サラダなど夏のものを食べてエネルギー&ハピネスチャージしていました。

どんどん世界中で高まるモルックの人気

この数年モルックの知名度が日本で急速に上がり、多くのメディアに取り上げられたり、全国で大会が開催されたり各大学でモルックサークルが誕生するようになりました。公園でピクニックしながらモルックをやっている人を見かけるのも、珍しくありません。

私も最近何回か、日本各地で開催されるモルック大会にお邪魔する機会をいただいています。

2022年10月大阪の泉佐野市で開催された日本大会に続き、2023年5月金沢市で開催されたジャパンオープンでは、1000人以上もモルッカーの方々が集まって正直びっくりしました。

フィンランドに住んでいる友だちにこういう話をすると、信じられないぐらいの反応です。「え、なんで？　なぜモルックが日本で人気なの？　サマーコテージでサウナを暖めながら遊ぶ同じモルックですよね？」って。

上下関係なく、年齢や性別、体の健康状態や力の有無を問わず誰でも楽しめるのがモルックです。モルックセットと平らな場所さえあればいつでもどこでも遊べます。コテージといえば、まあ平らではなくてもやろうと思えば遊べますね。

はじめての方もすぐ楽しめるし、話のきっかけにもなりますので友だち作りにもとてもよい。日本人にも、シャイでスモールトークの文化のないフィンランド人にも、初対面の方に声をかけるきっかけになり共通点を感じやすいのも人気の理由の一つでしょう。

フィンランドでは当たり前のような存在なので、モルックにこれほど多くの魅力があることを、ほとんどのフィンランド人は意識していないと思います。

日本のサウナ文化と同様に、想像力を活かして日本ならではのものと組み合わせて、日本のオリジナルでユニークなものにしているのを、モルックの楽しみ方でも見られると思います。

このようにフィンランド文化が日本の皆さんに楽しんでいただいて、取り入れていただいて、発信&発展していただいて嬉しいし、とてもユニークだと思っています。

フィンランド人にとってはコテージで遊ぶゲームであり、日本人にとっては興味深いスポーツである、という面白いコントラストでありながら、すごく嬉しい「日フィンの友情の融合」といえます。

モルックを通じて日本とフィンランドをつなげたい

今年の5月に、とても光栄なことに日本モルック協会公認の「モルックアンバサダー」に就任いたしました。

これから更にモルッカーの皆さまと交流して、フィンランドの魅力を発信し、モルックを通じてフィンランドと日本のつながりを少しでも強められたらと願っております。

日本で最近とても人気なサウナ文化もそうですが、モルックもとてもよくフィンランドらしさを表していると思います。

ルールは簡単でどなたでも気軽に楽しめるし、大自然に触れることができるし、肩書き、背景、年齢関係なく、シャイな人でもいろんな方とつながってコミュニケーションを取ることができます。

シンプルに、フラットに、自分らしく。そんなフィンランドのライフスタイルを、多くの日本の方にも興味をもっていただいて、いつかフィンランドに来て体験していただければ幸いです。

ずっと子どものころから身近な存在であったモルックが、これほど日本の日常生活に染み込んでいくのは、すごく嬉しくて光栄なことです。

日本の皆さんのおかげで、モルックが人々をつなげて仲良くさせること、誰でも上下関係なくフラットに楽しめること、自然と一体化できることなど、モルックの魅力に気づくことができました。文化や国によってモルックの捉え方が違って、すごく興味深いと思います。

モルックのよさを教えてくれた皆さん、ありがとうございます!

フィンランド語でKiitos（キートス）！

そうはいいながらも、原宿駅で降りて、モルックセットを抱えながら代々木公園へ向かっている日本人の若者を見かけると、嬉しく微笑みながらも、やはりいまだにすごくびっくりしてしまいます。

これからも皆さんと一緒に日本でモルックを盛り上げて、日本とフィンランドをつなぎ続けたいです。今後ともどうぞよろしくお願いします！

Noora Sirola

インタビュー

田中 亜土夢さん

profile

– ATOM TANAKA –

1987年新潟県出身、プロフットボーラー。アルビレックス新潟で活躍し、2015年フィンランドリーグに移籍をきっかけにフィンランドと本場のサウナに出会う。

帰国後セレッソ大阪で活躍、2020年に再びフィンランドリーグHJKヘルシンキに移籍。幸せの国、サウナの国フィンランドの魅力を伝えるためにウェブメディア"MOI SAUNA"を立ち上げる。

趣味は水墨画。

2022年8月より日本モルック協会公式アンバサダーに就任。フィンランドのモルック情報やフィンランドの文化、サウナの情報などを発信中。

https://www.moisauna.com/

八ツ賀　このたびは公式モルックアンバサダー就任、本当にありがとうございます。

田中亜土夢さん（以下、田中選手）　こちらこそ、ありがとうございます。僕はフィンランドの文化に惚れ、日常にあふれる〝幸せ〟を日本の皆さんに伝えたいと願っています。Instagram やXも使いながら、この土地の幸福感を伝えています。僕の思いが少しずつ届いているような気がしてとても嬉しいオファーでした。モルック発祥の国フィンランドにいる僕だからこそできる発信をしていきます。

八ツ賀　田中選手が発信する動画や写真のクオリティは、本当にすばらしいですね。先ほど「日常にあふれる〝幸せ〟」「この土地の幸福感」と言われましたが、具体的にどんなときに、こう感じるのでしょうか？

田中選手　そうですね、時間の流れがゆっくりしていますし、家族や友人を大切にするというのもあります。チームでもそうですが、休みの時はしっかり休みます。日本だったら、国民の休日こそ練習が入ったりしますが、フィンランドでは、しっかり休んで、家族の時間を大切にします。仕事が終わる時間も早いですし、時間の面で幸福感を感じる部分が多いかと思います。

八ツ賀　日本に比べたら、チームの練習時間も短くなっているのですか？

田中選手　練習時間はそんなに変わらないかと思いますが、休みの量は日本よりは多いかなという印象です。

八ツ賀　田中選手の「MOI SAUNA」を拝見すると、フィンランドではスキットルがお店のディスプレイに使われています。他にも飲食店のテーブルナンバーや、オーダー商品の引き換え札としても使われていたり、ああいうものはよく見かけたりしますか？

田中選手　よく見かけますね、確率的には多いかなと思います。

八ツ賀　当たり前ですが日本では見かけないので、とてもユニークですね。フィンランドではよく見かけるものなんですね。

田中選手　そうですね、でも普段モルックをやっているのはあまり見ないんですけど、たまに公園で見ますね。冬はあまり見ないですが、春が来て日が長くなると、たぶん仕事終わりに集まっているのか、公園でやっているのを見たことがあります。企業のレクリエーションとして、大勢で楽しんでいる姿も見かけます。

八ツ賀　公園でやっている方たちの、年齢とか性別とか、どんな感じの印象でしたか？

田中選手　大人の方たちが多いですね。若い人たちがやっているのを見るのはヴァップの時ですね。大学生とかみんな集まって飲んだりするんですが、飲み物とモルックを持って集まっている姿をよく見ます。

八ツ賀　ヴァップのことを少し説明していただけますか？

田中選手　「Vappu（ヴァップ）」は、5月1日の祝日です。前日の午後から街中がソワソワ楽しいモードに入ります。フィンランドでは普段は静かでゆっくりとした時間が流れていますが、この日ばかりは特別です。まるでカーニバル⁉と思うほど人々が街にあふれ、とにかく飲んで騒いで飲みまくる！　という祝日です。

この祭りの面白いところは、みんながおそろいの、白色の帽子をかぶっていることです。黄ばんで年季の入った帽子を誇らしげにかぶっています。はじめて見た時は衝撃を受けて、シャッターを切り続けたのを覚えています。この帽子は、高校卒業の証としてもらうことができるもので、彼らはこの帽子を手にすることを非常に誇らしく思い、大切にしています。

帽子とともに目を引くのが、たくさんのワッペンを付けた色とりどりのツナギを着た大学生です。学部や学科ごとに異なる色のツナギを着ています。

ヴァップは冬の長いフィンランドにとって春を告げる大切な日です。長くて厳しい冬を越えたからこそ、ここまで盛り上がれるのだと思います。当日は朝からピクニックを楽しみ、もちろんモルックで盛り上がります。

八ツ賀　親子でモルックをやっている姿は見たことがありますか？

田中選手　僕がやった時は、親子で一緒にやっているところに入らせてもらいました。

八ツ賀　フィンランドに住んでいる日本人や日本人同士で、モルックをやっているところを見たことや聞いたことはありますか？

田中選手　あまり聞かないですね。サウナと同じように、日本のモルック熱がすごいなって思います。こちらでは普段モルックを見かけるってことは少ないです。ヴァップの時はめちゃくちゃ見ますけど、それ以外の日常では、お店でディスプレイされているとか、そのくらいで。夏の時期はモッキ（サマーコテージ）に行って、モルックをやるイメージがあります。選手にも聞くと、家にはないけど、サマーコテージにはモルックを置いてあるとかは聞いたことがあります。

八ツ賀　田中選手がモルックをやって、実際に気分転換になったな、などの印象はありますか？

田中選手　もちろんあります。誰でも楽しめるというのもあるし、楽しみながらも得点の競い合いもあるので、そういうところがすごく楽しいです。

八ツ賀　ありがとうございます。ところで、フィンランドは親日の国といわれていますが、田中選手はどう感じますか？

田中選手　そうですね、プレーをしていてもチームメイトとはとてもやりやすいし、空気を読んでくれるというか、入りやすい環境にしてくれていたなと感じることはあります。サポーターも僕のことを応援してくれている感じがします。とても居心地がいいです。

八ツ賀　田中選手から見て、フィンランド人と日本人の似ているところはありますか？

田中選手　シャイであるというところは、似ていると思います。普段はそんなに話さなくても、お酒を飲んで陽気になったらしゃべりはじめて、でも翌日の練習では普通に戻っているというのもよくあります。練習をサボる人も少なく、一生懸命やるところは似ている部分で、練習をやっていても違和感もなく、日本人と似ているなと思います。

八ツ賀　田中選手が、フィンランドが好きだなと思うのは、どういうところですか？

田中選手　個人を尊重してくれるところがずいぶんあります。練習や試合の時はチームの規則がしっかりしていますが、試合以外のところでは自由にやらせてもらっている感じなので、やりたいことができるといいますか。

あとは、外に出ると（ファンから）声をかけられることも多くなりましたが、普通に生活できるというか、プライベートが守られている感じ。そこまで話しかけてこないというか、そのへんはシャイな部分が出ているのかなと思います。

自然が多いのは日本も同じだと思いますが、このヘルシンキの街に住んでいても、少し行けば森や公園があります。僕は犬を飼っているので犬の散歩にもめちゃくちゃいいです。冬が長いのがしんどいかなというのはありますが、夜遅くまで明るい夏があるから、冬を乗り越えられるのかなと感じます。

八ツ賀　フィンランドでモルックは、日本で例えればどんな扱いのものだと思いますか？

田中選手　僕はオセロかなと思います。常にやるわけじゃないけど、たまにやるみたいな。モルック自体は、雑貨店で普通に手に入ります。日常の遊び、身近なゲームといった感じですね。

八ツ賀　みんなが集まればやる遊び、みたいな。

田中選手　うんうん。あとは何でしょうね、ボードゲームかな。

八ツ賀　なるほど、わかる気がします。ところで日本では、「サウナ×モルック」というプロモーションを進めています。サウナイベントでちょっとモルックを紹介させてもらったりして、サウナで暖まって水風呂に入る、サウナで暖まってビール片手にモルックする、などの活動をしています。田中選手から見て、サウナとモルックの相性はどんなイメージですか？

田中選手　いいと思います。実際、フィンランドのサマーコテージではそういう感じでやっています。サウナじゃないけど、ヴァップの時は普通に飲みながらやりますし。フィンランドらしいのかなと思います。

八ツ賀　プロサッカー選手の皆さんも、ケガとか体の不調があった時に、焦りの気持ちがどうしても出てくると思いますが、田中選手はどういうふうにつらい時を乗り越えていくのですか？

田中選手　プレーしている時のことを思い出すというか、復帰した時のことを考える選手が多いと思います。「復帰して、またピッチに立ってやるぞ！」そういうモチベーションです。ケガをしたのは仕方ないので、気持ちを切替えることが大切です。ピッチに立った時をイメージしてリハビリをやる、ということを僕はやっています。

そういう時にサウナも、間違いなく体にとってよいと思います。フィンランドは冬も長く、太陽が出なくて暗い時期が長いので、サウナがあるからみんなも健康を保てているというのは、間違いなくあると思います。

八ツ賀　なるほど。本日の対談、本当にありがとうございました。田中選手の活躍を応援しています。読者の皆さんにも、田中選手のリフティング動画をぜひ見て欲しいと思います。フィンランドの雰囲気が伝わる、すてきな動画です。

田中選手　こちらこそ、ありがとうございました！

モルック座談会

モルックにはフィンランド文化が詰まっている

フィンランド大使館職員&八ツ賀秀一

profile

沼田晃一さん

フィンランド大使館 商務部
北海道出身
フィンランド政府観光局 Visit Finland 日本支局代表
旅行業界にて25年以上の経験があり、2002年よりカナダ観光局にてマーケティングマネージャー、2008年よりオーストラリアのカンタスグループにて日本初LCC事業の立ち上げに携わる。現在はフィンランド政府観光局 Visit Finland日本支局代表 兼 フィンランド大使館 商務部 上席商務官。2021年よりヨーロッパ観光委員会 日本支部の委員長に就任。

堀内都喜子さん

フィンランド大使館 広報部
長野県出身
大学卒業後、日本語教師などを経てフィンランドのユヴァスキュラ大学大学院に留学。コミュニケーションを専攻し修士号取得。帰国後は都内のフィンランド系機械メーカーに勤務する一方、ライター、通訳としても活動。2013年よりフィンランド大使館 広報部で現職。著書『フィンランド人はなぜ午後4時に仕事が終わるのか』(ポプラ新書)は、読者が選ぶビジネス書グランプリ2021でイノベーション部門賞を受賞。その他に『フィンランド　幸せのメソッド』(集英社新書)などがある。

八ツ賀　今回、フィンランド大使館のお二人と座談会をさせていただきます。商務部の沼田さんと、広報部の堀内さんです。いつもモルック普及にご協力いただき、本当にありがとうございます。まずは簡単な自己紹介をお願いいします。

沼田　フィンランド大使館商務部、そして政府観光局で働いています。一人でも多くの日本の皆さんに、フィンランド旅行に興味を持っていただけるようなプロモーションを展開しています。北海道のいたるところでモルックとサウナのイベントを仕掛けたり、川崎フロンターレとのコラボレーション「FINLANDランド」で日本モルック協会さんに来ていただいたりしています。

堀内　沼田さんと同じくフィンランド大使館の職員として、広報やプロジェクト・コーディネートを担当しています。イベントやSNSを通じて、広くフィンランドを知ってもらうための活動です。

私はフィンランドに留学してすぐ、モルックと出会いました。留学生歓迎会があって、ワンデイ・バスツアーに出かけたんですね。バスツアーのテーマが、「これをやれば、あなたもフィンランド人」というものだったんですが（笑）。湖畔の大きなサウナに入って、ご飯を食べて、いろんな体験をしました。その中の一つがモルックでした。八ツ賀さんのモルックとの出会いは、どうだったんですか？

八ツ賀　留学して最初の夏、同僚が「公園でビールを飲もうぜ」と誘ってくれたんです。その時にはじめてモルックをやりました。あのころから考えると、来年世界大会が函館で行われるのは夢のようです。

沼田　フィンランド人に「僕の故郷の北海道

で、モルック世界大会をやるんだよ」というと、「えーそうなの！」と驚いてくれますよ。日本でのモルックの普及がここまできて、本当に嬉しいことですね。

◆

八ツ賀　お二人は、モルックの日本での盛り上がりをどう思われますか？

沼田　モルックの盛り上がりは、驚きとともに非常に嬉しく思っています。

フィンランド人はすごく夏を楽しみにしていますよね。暗くて長い冬を過ごして、フィンランドが輝く季節の夏が来る。夏を思いっきり楽しんで、また長い冬を過ごして、というリズム。その中にセカンドハウスのサマーコテージとかがあって。日本で別荘というとデラックスなイメージがありますが、フィンランドではヴィラのような豪華なものから、普通に小屋みたいな感じの建物までさまざまです。

そしてコテージには必ずサウナがあります。そこでサウナストーブが暖まるまで、ちょっとモルックをやるとか、バーベキューしている時に気分転換にプレーするみたいな、身近に楽しむ感じがモルックです。だから、競技として多くの方がやっていることに、本当に驚いたというのが感想です。

堀内　フィンランドのものが日本で有名になるのは、公私ともにとても嬉しいです。私は5年間フィンランドで暮らして、その後も何度もフィンランドに通っています。現地の友人とサマーコテージに行くと、のんびりご飯を食べて、サウナに入って、その合間にゆるく遊びでモルックを楽しむ、という感じでやっていました。ですので、毎年モルックの世界大会があるとか、そこに日本代表が出場していることを知った時は驚きました。

驚いたのは私だけではなく、同僚のフィンランド人も同じです。フィンランドでモルックの世界大会をやっているのに、それを知らないフィンランド人が多いくらいです(笑)。日本での実際の練習風景や、真剣にモルックをやっている人たちを見て、とても新鮮な驚きを感じました。

でも最近思うのは、逆輸入といいますか、フィンランドでもちょっとモルックがブームなのかなと。友だちの子どもも、公園とかで積極的にモルックをやるようになってきたのかな、と見ていて思っています。

◆

八ツ賀　フィンランドといえば、サウナが思い浮かぶ人は多いですよね。沼田さんは、「サウナ旅」の仕掛け人でもいらっしゃいますね。

沼田　僕が観光局に入ったそもそもの理由ですが、「何か新しいことをやってほしい」といわれていました。そこで、2018年に日本ではじめて「ビジット・フィンランド・キャンペーン」をやりました。この時、サウナを観光資源にしようと上司に提案しました。私と同じポジションで仕事をしている同僚は世界各国にいるんですけど、サウナを観光資源にしたのは、じつは日本が最初なんです。

上司からは「サウナなんかで観光客は増えないよ」と否定的な意見が多かったんですが、これを説得してやりはじめました。

今でこそサウナを目的としたツアー、「サ旅」なんかもありますけれども、当時は旅行会社のパンフレットにサウナの「サ」の文字一つありませんでした。だから、サウナの普及は大変嬉しかったです。

サウナもモルックもそうですが、僕はその世界観も大事にしたいと思っています。ブームに乗って、サウナやモルックを体験してくれるのは大変ありがたいことだし、嬉しいことです。それと同時に、皆さんにはフィンランドの文化や世界観を感じて長く楽しんでほしいというのが、僕の願いです。

モルックの大会を見ていると、皆さんはモルックを通じたコミュニティーをとても大切にされていると感じました。とてもシンプルに、そしてフラットに交流を楽しむ姿、自分らしくいられるところなど。そういう方々こそ、フィンランドの世界観に共感してくれる、そして自然との共存だったり、人やものを大切にしたり、寛容なところなど、大切なことに気づくインスピレーションを感じてくれる人たちじゃないかと思っています。

堀内 サウナもそうですが、モルックの盛り上がりを見て日本的だなと思うのは、テクニックやルール、いろいろなことを分析したり研究したりする、一生懸命に取り組む姿勢ですね。以前、大使館チームと日本チームでモルックをやった時、日本の方は「モルックの投げ方のコツを教えてください」と聞いてこられるんですが、フィンランド人は正直何も考えてないという(笑)。スキットルの並べ方も、ルールもわかっていないフィンランド人も多いし、「適当でいいじゃない」と気にしていないんです。これが日本とフィンランドの文化の差じゃないかと、面白く感じます。日本のモルックの盛り上がりはとても嬉しいし、もっともっとフィンランド全体に興味をもってもらえると、更に嬉しいですね。

沼田 フィンランドのゆるさというか、自分らしく生きることの自由さというか、突き詰めていく日本人の職人気質の融合というか、ブレンドされてる感じがするよね。

◆

八ツ賀　フィンランドの文化や世界観、モルックを通じてフィンランド全体に興味をもって欲しいと僕も考えています。いつも「モルックにはフィンランド文化が詰まっているんだよ」と語っているんです。

沼田　モルックもサウナもそうですが、日本では日本なりの広がり方があり、フィンランドではフィンランドの世界観があり、違いがあります。堀内さんとも話していたんですけど、どうして日本でモルックやサウナがうけているんだろう、とよく考えます。モルックにもサウナにも、その根幹にはフィンランドらしいものがある。日本人はフィンランドらしさを感じてくれているんじゃないか、と思っています。

堀内　モルックは競技としてやるときには決まりがありますが、フィンランドで一般的にやっているモルックはけっこう適当です。大使館でも、ちょっとした裏庭のスペースでモルックをやったりします。空き時間があれば、気軽にできるのがいいところですよね。アクセスフリーといいますか、人も場所も選ばない。フィンランドのあらゆる人に森へのアクセスを保障する自然享受という考えとつながります。

じつはフィンランドでは、ほとんどの図書館でモルックを借りられます。モルックだけじゃなく、工具だったり健康器具だったり、いろんなものを無料で貸し出しているんです。リラックスして、いつでも誰でもできるところがフィンランドっぽいし、文化であると思います。

そして、子どもも大人も、障がいがある人も、まったく同じ条件でプレーできるのがモルックのいいところだと思っています。フラットで、バリアフリーな感じ。こういった背景がフィンランド人の幸福感にもつながっていると思うんです。ちなみにフィンランドは、国連が発表する幸福度ランキングで2018年から6年連続で世界一になっています。

沼田　フィンランドにはSDGsとかジェンダー平等が詰まっているんです。それがウェルビーイングな生き方につながっている。そして、シンプル、フラット、自然を楽しむというところが、モルックにはある。モルックはお金をかけずに気軽にできる。そして勝っても負けてもお互いをたたえ合う点がすばらしい。八ツ賀さんはモルックのフィンランドらしさをどう考えていますか？

八ツ賀　お二人がおっしゃったところと同じです。フラットでシンプルで、木でできている。これをいうと怒られちゃうけど、モルックがボロボロになったら、バーベキューの燃料にもできる（笑）。あらゆる面で無駄がない、そういうところが、フィンランドらしいなと。

◆

沼田　フィンランド人は真面目でシャイ、優しい印象があると思います。その一方で、じつは「合理的で明るいサバイバー」な一面があると思っています。基本が個人にあるっていうのが、他の国と違うと感じるところです。個が強いけど、お互いに協力し合おうと意識している。資源があまり豊かではなく、人口が少ない国だから、弱いところはパートナーシップを組んで補い合っていこう、という文化がある。だからモルックでもチーム戦が盛り上がるのではないかなと思います。

堀内　フィンランド人は、シャイな国民性だと言われます。相手に関心があっても、なかなか話さない、表に出さないというところがあるのかな。そんな中でも、サウナやちょっとしたパーティーがあると、とたんに話しやすくなる。友だちになるため、仲良くなるためにサウナに誘う、みたいな。サウナは仲良くなるための最高のツールですが、サウナと同じようなツールとして、モルックやダーツ、バーベキューなどがある。モルックは手軽でシンプルだし、時間もそんなにかからないし、会話しながら、食べながら、飲みながらだってできるので、仲間はもちろん、初対面の人たち同士でも盛り上がると思います。沼田さんは英語圏でお仕事された経験が長いですが、英語圏の人と、フィンランド人の国民性の違いとか、どう思いますか？

沼田　フィンランド人の本音は「同じ白人だからといって、英語圏の人と一緒にしないで」と思っているかもしれません(笑)。英語圏の人たちは、物怖じせずに会話するという文化なんですね。

一方でフィンランド人は、スモールトークや雑談が苦手というか。でも何かのツールを通して、自分の思っていることを話すとコミュニケーションが潤滑になる、そういう感じです。普段はシャイで話さないけど、サウナやモルックのようなツールがあれば会話が続くんですね。「サウナの中ではみんな平等」といった考え方もあります。

フィンランドではコーヒーブレイクのことをカハヴィタウコといいます。カハヴィタウコも大事なツールの一つで、じつはフィンランドは一人あたりのコーヒー消費量が世界トップクラスといったお国柄です。まだあまり知られていませんが、カフェ文化のフィンランドには、おしゃれなカフェがたくさんある。

僕、ここまでモルックを意識してフィンランド文化を分析しているフィンランド人は、果たしているのかなと思いながら話していますよ(笑)。フィンランドでも、この本を出版したら面白いんじゃないですか？　この座談会を、たくさんのフィンランド人に聞かせたいですよね。

◆

八ツ賀　僕は35歳でフィンランドに留学したんですけど、それまでずっと日本で暮らしていました。フィンランドに行ったことで、価値観がガラッと変わり、自分の人生にとてもプラスになりました。フィンランド留学する日本人が、もっと増えてくれたらいいなと思います。

沼田　今まで留学といえば英語圏だったけど、僕もフィンランド留学は日本人にとてもあっていると思います。フィンランド人も英語を勉強していて、英語を学ぶ大変さも知っている。フィンランド人は、人の話をじっくり聞く文化を持っている。そしてモルックやサウナのように、コミュニケーションを取るツールもたくさんあるし、日本人を惹きつけるものがとてもある国だと思います。

日本人がフィンランドに来て発見するのは「自分らしくいていい」「ありのままの自分でいい」っていう世界観なんじゃないかと思います。フィンランドに行って自分なりの世界観を発見する、これが醍醐味じゃないかと思うんです。フィンランドは凝り固まった固定概念を外してくれる国です。そういうところがフィンランドという国の魅力です。

日本でもモルックとかサウナが好きな人は、笑顔だし、とても健やかな印象がありますよね。

ウェルビーイングに生きるヒントを、モルックやサウナから得ている感じがします。

堀内　自然を享受するという価値観も、とてもすてきですね。以前フィンランドに来た日本の知人を田舎のサウナに連れて行って、湖で泳ぐことまで体験してもらったんですね。そうすることによって、すごく自分の働き方や人生を考え、人生観が変わったと言っていました。やはりサウナはよいですね。自然の中に身を置いて、何もしない時間を楽しむというのも一つだと思います。

◆

八ツ賀　日本とフィンランドの自然の違いは、どんなところだと思いますか?

沼田　フィンランドも日本も、森が多い、水辺が多いというのは共通です。ただ、フィンランドは高い山がないので、景観が違いパノラマビューを楽しめる。そして自然享受権があるというのが決定的な違いで、自然はみんなのものだという考え方があります。日本ではなんでもかんでも法律やルールがあって、ビジネスに結びついている。もちろんフィンランドにも法律はあるけど、自然を享受することに関しては、みんなに権利があると考えています。英語っぽく言えば、エブリワンズ・ライト（すべての人の権利）ですね。日本と違うそういう世界もあるんだよ、ということを知ることが大事だと思います。本来自然ってこういうものなんだな、と思えるんです。凝り固まったマインドをほぐす、という意味でもとてもよいと思います。

八ツ賀　僕の同僚や友人も、「自分たちは森に住んでいる」と100%みんなが言っています。首都のヘルシンキに住んでいる人もそうです。自然に対する感覚が違うんだろうな、と思います。

堀内　フィンランドのよさは、ヘルシンキであっても自然が近くにあることです。広い空と、ちょっと行けば水辺があって森があって、という近さが魅力です。本当に心が癒やされますよ。安心して水も飲めるし、ベリーを摘んでその場で食べたりもできるんです。

　森の比率にしたら日本も変わらないと思いますが、日本の場合は森に行こうと思ったら、電車に乗ったり車に乗ったりして、行くまでに時間がかかります。でもフィンランドだと、5分10分行けば自然がある、森がある、とても身近な存在なんですよね。日本で森に入るというと、少し怖いと感じる人もいるかも知れませんが、フィンランド人にとって森は怖い場所じゃなく、幸せな思い出の場所だとみんな言います。

◆

沼田　去年モルックアジア大会に行った時に、香港のチームの中に体育の先生がいて、息子さんと一緒に参加していました。その先生が、「技術を高めるのも大事だけど、数字を常に計算して、戦略を考える。チームでのコミュニケーションを磨いていく。後半になるとプレッシャーがかかるので精神力を鍛えられる。勝っても負けてもお互いをたたえ合う、というところが子どもの教育にとてもいい」と話していたのが印象的でした。

　じつはこういったモルックのよい面は、子どもだけじゃなくて大人にも適用することじゃないかと思いました。SNSやリモートワークで、僕らはつながっているようですけど、実際にはあまりつながっていないような感覚もあります。そんな世界で、モルックやサウナには現実のつながり、本当のコミュニケーションがあります。

堀内　モルックの可能性でいうと、日本で高齢者向けにも普及させようと、さまざまな団体や自治体などが働きかけていますよね。腕力がそれほど必要じゃないし車椅子でもできるから、とてもよいと思います。計算するから脳トレにもなるし、コミュニケーションも楽しいし。日本で広まって、フィンランドに逆輸入もよいですね。フィンランドも日本と同じ、少子高齢化という問題もありますので。

八ツ賀　日本モルック協会でも、高齢者と障がい者の方にも、モルックをしてもらいたいと思っています。現在は全国のUR都市機構さまと協働してモルックサークルみたいなのを作って、月に1〜2回モルックを高齢者の方にもやってもらって、地域の人とも交流を持てるようにしています。そのノウハウをフィンランドに伝えていけたらと思います。

◆

八ツ賀　話題がガラッと変わりますが、フィンランドに行ってみたいモルックファンに向けて、おすすめ観光スポットを紹介していただけませんか？

沼田　フィンランドは大きく四つのエリアに分かれています。

まず、北極圏ラップランドだと、オーロラが8月の末から9月に見られて、とてもお勧めです。冬の雪の中で見るオーロラもすばらしいですよ。そして、氷に穴をあけてサウナの後に入るアバントがはやりつつあります。また、スキーリゾートがかなりの数あるのはあまり知られていません。クリスマスもすばらしいし、トナカイもいますよ。ルスカ（紅葉）のラップランドは、地面が赤とか黄色の絨毯に染まる時期はとても美しいです。きのこのシーズンでもあるので、食事もおいしいし、お勧めの季節です。

次に、湖水地方に関しては、フィンランドを象徴する場所です。リゾートであり、夏には多くのフィンランド人がコテージでサウナに入って湖に飛び込みます。スモークサウナもフィンランドにもともとあります。夏は幻想的なマジックアワーが長く続くので、その時間を楽しめます。

また、世界で1位か2位の島の数だといわれている群島エリアの散策がお勧めです。フィンランド人は島に渡ってバーベキューをしたりして楽しみます。ムーミンワールドもあり、その世界観を楽しめます。また、古都トゥルクはグルメに定評のあるエリアです。

最後にヘルシンキですが、ここにはなんでもあります。空港からのアクセスもいい、サウナもゴルフ場も建築物もお土産も、カフェもたくさん、なんでもあります。いわゆるスマートシティで、会社が社員を連れてきたりするには絶好な、インセンティブ旅行にふさわしい街じゃないかなと思います。もちろん治安もいいですし。それからポルヴォーという街は、フィンランド人のアイデンティティーを感じられる場所で、木造建築が残る珍しい街。日本の芸能人の写真集にも載っていたりする、フィンランドでトップレベルで映える場所なんです。

堀内　フィンランドのベストシーズンは夏といわれていますが、冬には冬の楽しみがあります。例えばインテリアショップやカフェ巡り、図書館や建築物巡り、サウナ巡りも楽しいです。スノーシューを履いて森を歩いてみたり、クロスカントリースキーやスノーモービルなどの冬のアクティビティに挑戦したりするのもいいですよね。冬の焚火でソーセージを焼き、温かいベリージュースやコーヒーを味わうのは格別です。

いつもの倍以上おいしく感じられますよ。そしてクリスマスマーケットを見て回るのも楽しいです。温かいグロッギというクリスマスシーズンの飲み物を片手に、出かけてみてください。また、ビジネス関連では、毎年11月にはスラッシュというヨーロッパ最大規模のスタートアップの祭典が行われ、世界中から投資家や起業家、企業が多く集まります。

そしてもし機会があれば、フィンランド人の個人宅に遊びに行って欲しいです。比較的みんな家に招いてくれるし、彼らの暮らし方を見ると日常にあふれるデザインに驚いたり、新しい発見があったりします。いかに生活空間を大切にしているかを感じられると思います。あと、フィンランド人はコテージを持っている人も多いので、そこでサウナに入るのもいいですよね。コテージといっても、電気も水もなくて、水は湖から汲んでくるようなシンプルなところも多いのですが、そのシンプルさがまたいいんです。

◆

堀内 八ツ賀さんはフィンランド留学中、印象に残った観光地はありますか？　モルック関連の観光スポットなどはあるんですか？

八ツ賀 ラップランドは行ったことがまだないんですが、ぜひ行きたいと思っています。そしてオーロラの光の下で雪上モルックをしたいです。夏は白夜なので、24時間耐久モルック大会も面白そうですよね。ラップランドへの計画は幾度となく立てたのですが、残念ながら都合がつきませんでした。

湖水地方ではクオピオに行きました。同じフィンランドでも、とてもおしゃべりでフレンドリーな気質のフィンランド人が多かったです。ここはまさにフィンランド的というか、湖のほとりで、気が向いた時にモルックをするような場所でした。こういうところで夏を過ごしたいなと感じました。

群島エリアでは、トゥルクとハンコに行きました。友人の別荘がハンコにあったので、そこでみんなでモルックをしました。スウェーデン語やロシア語などの表記も出てきて、フィンランドの歴史を少し垣間見ることができる、風光明媚な場所でした。

ヘルシンキ地方では、やはりスオメンリンナやセウラサーリが好きです。スオメンリンナではフィンランド人がモルック大会を結構やっていましたよ（笑）。セウラサーリは職場から歩いて行けたのでお気に入りの場所です。同僚とも、日本人ともモルックしました。そしてなんといっても思い出の場所は、夏の間ほぼ毎日モルックしていた日本人御用達のレイッキプイスト・タイヴァラハティ（公園）です。

堀内　やはりいろいろなところでモルックをされているんですね。24時間耐久モルック大会の発想がすごいです！　ちなみに、ヘルシンキのレイッキプイスト（児童公園）では夏休み期間中、子どもたちに無償で昼食を配布する子育て支援のサービスがあり、すばらしいことだと感心します。

◆

八ツ賀　最後になりますが、読者の皆さまへメッセージをお願いいします。

堀内　モルックは、かまえてやらなくてもよいところが魅力ですので、まだ体験したことのない方にも気軽に楽しんでもらえると嬉しいです。そして、フィンランドはまじめだけどリラックスした雰囲気のある国です。「これをする」と決めず、肩肘張らずに楽しめます。リラックスして、暮らすように旅することができますので、まずは行ってみてください！

沼田　入国審査の時の「入国の目的は？」の質問に、「モルックだ」「サウナだ」という日本人が増えてくれると、フィンランド人は笑ってウェルカム！　と喜んでくれるんじゃないかなと僕は思っています。フィンランドという国の包容力、魅力を感じに、ぜひ旅行に出かけてください！

世界で一番幸せな国、フィンランド

145 ～ 157 ページは「Visit Finland」の写真を使用しています。https://mediabank.businessfinland.fi/

photo credit
p.145: Jussi Hellstén
p.146-147: Jaakko Tähti
p.148:
上 Juha Kalaoja
下 Mariia Kauppi
p.149:
右上 Ilona Savola
右下 Soili Jussila/Vastavalo
左上 Emilia Hoisko
左下 V_koli_036

photo credit
p.150:
右上 Ants Vahter
左上 Emilia Hoisko
下 Kari Ylitalo
p.151:
上 Arctic Tree House
下 Mika Viitanen
p.152-153: Markus Kiili

Ivalo
LAPLAND
Rovaniemi
Kuusamo
SAMPO
Oulu
Kuopio
Joensuu
LAKELAND
Vaasa
Jyväskylä
Tampere
COAST &
ARCHIPELAGO
Lahti
Åland
Turku
Helsinki
HELSINKI
REGION

Sala

photo credit
p.154: Sanna Mander
p.155:
右上から
Ants Vahter
Sanna Kalmari
Juho Kuva
Salakauppa_winter2016
左上から
Jussi Hellstén
Omar El Mrabt
0_helsinki_01_147
Ants Vahter
p.156:
上 Ants Vahter
右下 Mariia Kauppi
左下 Mariia Kauppi
p.157: Julia Kivelä

aleksi 13
aleksi

フィンランド最高の思い出

第8回モルック世界大会

この感動を、日本の皆さんに伝えたい!

世界大会の国旗

プレー直前、緊張する瞬間

ドイツのチームと

スロバキアのチームと

国際モルック会議の前身、テラスで話し合い

ヘルシンキ大聖堂から見た元老院広場

第９回世界大会、
国別対抗戦3位入賞

第4章 モルックを愛する人々

4

全国への広がり

日本でのモルック普及をはじめて、真っ先に助けてくれたのはフィンランドの留学仲間でした。ＪＭＡの初期メンバーであり、共に世界大会で戦った仲間です。

その後、日本での普及の足がかりを作ってくれた designshop の森さんは、普及のためにフィンランド好きの方々をたくさん紹介してくれました。

森さんから紹介していただいた早苗さんは、東京での普及の柱になってくれました。このように日本のモルックは当初、フィンランドつながりで広がっていきました。

そして現在の理事である神保さんも、精力的に活動してくれました。練習会・体験会の頻度も増え、大会を開催する機運を作ってくれました。

早苗さん、神保さんのつながりから、多くの方がモルックを体験してくれるようになり、そこから輪が広がっていきました。定期的に参加してくださる方々や、フィンランドの大会まで来てくれる人たちも現れました。

東京や大阪を中心に、コアとなるモルックプレーヤーも出はじめました。名古屋、福井、大阪、神戸、和歌山、山形、仙台、福岡など、一部地域ではありますが、根気強く普及活動をしてくれた人たちにより、徐々に広がりをみせていきました。

「知り合いの知り合い」にモルックを体験してもらうなど、草の根的な活動が加速していきました。

2012年、2013年くらいの日本のモルックの夜明けに関わってくれた方々に、まずは御礼を申し上げます。

2014年ごろからは、JMAスタッフも少しずつ増えていきました。東京でのイベント・練習会の回数も増え、常時20人近くの人が参加するようになりました。

毎年の東京大会、日本大会の準備にも積極的に参加してくださる方も増えました。同時に毎回大会に参加してくれる方も増えました。

そして、東京だけでなく関西の方もJMAスタッフに加わってくれるようになってきました。少しずつ全国に広がっている感覚になりました。

そのころから、大阪で浦上さんを中心に定期練習会が開催されはじめました。後に神戸や和歌山でも、モルック愛好団体が作られ活動しはじめます。

このような普及活動を地域の中だけにとどめず、ＪＭＡの組織と共にしてくれたおかげで、全国への普及が現実的になったことは間違いありません。

２０１７年ごろからは、世界大会にも日本チームが複数出場することが当たり前の状態になりました。国内大会を開催しても、30～40チームは集まるようになりました。友人に無理なお願いをして人を集めることは、ほぼなくなりました。

そして森田さんやアンバサダーの皆さんのおかげで、爆発的に競技人口が増えました。

こうして、モルックは全国的に広まっていきました。

ここで、私の大切な人に感謝の言葉を述べさせてください。

平日も休みの日も、モルック活動を支えてくれた妻には、感謝してもしきれません。モルックでつらくなることも多々ありましたが、そのたびに励ましてくれました。休みの日もモルックに付き合ってもらい、本当に感謝しています。

この場を借りて「ありがとう」と言わせてください。

初期メンバー紹介

日本モルック協会は2011年、法人格のない任意団体としてスタートしました。スタート時の初期メンバーは、私を入れて8名です。第1章でも紹介しましたが、世界大会に共に出場したWasabiのメンバーです。メンバーの職業はさまざまですが、当時は全員フィンランドに留学していました。

現在では、それぞれ別の場所で活躍しており、年に数回モルックの大会で再会するという間柄です。しかし共にフィンランドで過ごし、モルックの特訓をしていた日々を昨日のことのように思い出します。

帰国して現在まで、モルックの普及活動を熱心にやってくれた彼らがいたからこそ、今のモルック環境があると感謝しています。モルックがきっかけで結婚したメンバーもいます。

本書執筆にあたり、初期メンバーからコメントをいただきましたので、紹介します。

O氏が作った、モルックチーズケーキ！

ユウヤネン氏の絵馬「モルック日本大会成功祈願」

O氏が参加した、ラハティ市の階段モルック

日本股関節学会の記念モルック大会

ユウヤネン氏とモルック仲間

2022年函館大会にて

初期メンバーのプロフィール

八ツ賀千穂（以下、千穂）　児童精神科医です。フィンランドから福井県に帰国しました。現在の主な活動エリアは北海道です。

ユウヤネン　整形外科医・リハビリテーション医です。主な活動エリアは、山形県です。

尾曲幸輔（以下、尾曲）　公務員です。主な活動エリアは、東京都です。

松田真弥&奈美（以下、松田夫妻）　研究者です。長年、スイスを中心に活動していました。2023年秋に帰国予定です。

O氏　理系大学教授です。帰国してしばらくは愛知県で活動していました。現在の主な活動エリアは、北海道です。

初期メンバーへの質問

①モルックをはじめてプレーした時に何を感じましたか？

千穂　木の棒を投げるスポーツというよりは、将棋などの頭脳戦に近いのではないか。だから夢中になる人も多いのではと感じました。

ユウヤネン　正直なところ、地味なスポーツだと思いました。

尾曲　ヘルシンキに留学中、通りすがりの公園で日本人が楽しそうに遊んでいたので声をかけたら、それがモルックだった。木をそのまま使った道具が、フィンランドらしいなと思いました。

松田夫妻　意外と駆け引きがあって面白いと思いました。

O氏　ルールも簡単だし、初心者でもさまざまな局面を楽しめる、よい遊びだと思いました。

②モルック世界大会に出場しようといわれた時、どう思いましたか？

千穂　（パートナーの八ツ賀秀一は相変わらず）酔狂だなぁと思った。

ユウヤネン　暇なので、出てみようかなと思いました。

尾曲　モルック歴数か月にもかかわらず世界大会に出ていいのだろうか、とも思いましたが、同時に何も知らないからこそ楽しもうとも思いました。

松田夫妻　面白そう！

O氏　ゆるーい、楽しく遊ぶ大会だとなめていました……。

③フィンランドでのモルック活動の思い出は？

千穂　部活動のように長時間練習した後の、中華料理屋での夜ご飯がおいしかったです。

ユウヤネン　八ツ賀さん開催のモルック大会に参加。雪上モルック、氷上モルック。O氏と参加したチェコのパソフラーブキ大会。世界各地の名所でのモルック撮影。

尾曲　後に、日本モルック協会のロゴとなる図案の検討を八ツ賀邸で行ったのはよい思い出です。また、松田選手とエストニアのタリンに遠征し準優勝できたことは、自分のモルックのキャリアにおける最盛期だったかもしれません。モルック練習後みんなでよく中華レストランで打ち上げをしていたのを思い出します。

松田夫妻　２０１０年にモルックをはじめてからフィンランドを去る２０１３年まで、ヘルシンキモルック協会の練習会をはじめ、世界大会やフィンランド国内大会（シングルス、ダブルス、ミニモルック、階段モルック）に参加しました。また、スロバキア大会（２０１１年）、パリ大会（２０１２年）、タリン（エストニア）大会（２０１２年、２０１３年）に参加したこともよい思い出です。

O氏　フィンランド留学中は、夏も冬も最低週1回、大会前は毎日のように練習していたため、留学生活のさまざまな風景の記憶と結びついています。特に練習や試合後は、必ず反省会を行い、晩ご飯を一緒に食べていたため、大会会場のレストランの味を鮮明に覚えております。階段モルック、モルック風クリームチーズケーキ、雪上モルック、冬のヘルシンキ練習場、大聖堂から見たモルック風景など、印象に残っています。

④世界大会に出てみてどう思いましたか？

千穂　酔狂な人たちがいっぱいいる、やっぱりフィンランド人はちょっと変で面白い！　と笑いました。各国の国旗がしっかり掲揚されていることには、少し感動を覚えました。

ユウヤネン　一投目で大暴投してしまい、「もう一生やることはないかな」と思いましたが、決勝戦の手に汗握るハイレベルな試合を観て、その魅力にはまりました。世界大会に出場した後は、もっとうまくなりたい。モルックを知りたいと思いました。

尾曲　世界に、こんなにもモルックに情熱を傾けている人がいるのかという驚きです。世界大会では、「普通狙わないでしょう」という距離でもチャレンジして当ててくる強豪国の射程距離の長さに、レベルの差を感じました。

松田夫妻　2010年にチームWasabiとして、八ツ賀さんたちと参加したのが最初ですが、今よりもずっとローカルな大会でした。この大会でベテランチームのモルック技術、駆け引きを目の当たりにしたことが、モルックの面白さにはまっていったきっかけになったと思います。初年度はスキットルに当てることだけで精一杯で、全く歯が立たないうちに終わってしまいました。しかし大会を重ねるにつれ、上手になりたい、勝ちたいと思うようになりました。また、大会を通して友人たちと再会できることも、世界大会の魅力だと思っています。

O氏　達人の技術力の高さと、チームや国の威信を賭けた本気の競技大会であることを知って驚きました。大会の後は、周りとの技術力の差を悔しく思い、単純にもっと上手になりたい、来年はもっとよい成績を残したいと感じました。一方で、現在でもなお個人参加が自由である世界大会は、他の競技ではなかなかありません。そしてプレー成績とは関係なく、世界中の人と交流できるすばらしいスポーツであることも再認識しました。

⑤日本でモルックを普及させようと思った理由は？

千穂　パートナーの八ツ賀秀一の熱い思いに引きずられるようにしてここまで来た感じです。当初は正直なことをいうと、「流行したらどうするつもりなのか」「本職を逼迫しないか、大丈夫か」と数回確認して、暗になだめようとしたこともあります。そのたびに、「その時になったら考えればよい」「こんなに面白くてすてきなものが知られていないのはもったいない」という熱意に負けて、一緒に普及しはじめたといったところが本心です。モルックがいろいろな人との橋渡しをしてくれる、人との出会いの喜びを感じられるのも大きな理由です。

ユウヤネン　協力できるところから協力しようと思っていました。こんなに普及するとは思っていませんでした。

O氏　モルックの持つ、老若男女問わずさまざまなバックグラウンドの人が仲良くなれる魅力を、まだ普及していない日本で紹介したいと思ったからです。

⑥フィンランドから帰国後、どのようなモルック活動をしてきましたか？

千穂　帰国した最初の赴任先が福井だったので、福井でモルック団体を設立。小さな大会も開催しました。現在は函館に移住し、函館でも団体を設立して大会を開催しています。

ユウヤネン　帰国後もフィンランド訪問のたびに、恩師の先生宅で必ずモルックをやっていました。山形駅前モルックの会設立（2013年）、第1回日本モルック大会に山形県代表（Team JKJ）として参加（2014年）、山形県モルック協会を設立（2021年）、第1回山形県民モルック大会（2022年）、山形大学医学部モルック部設立（2022年）、第49回日本股関節学会記念モルック大会開催（2022年）。

尾曲　定期的な代々木公園の練習会に参加していました。その後は本業などの都合でなかなか時間が取れなくなったのが残念です。現在は、近所の公園で息子とモルックで遊んでいます。

松田夫妻　フィンランドを出てスイスに移ってからも、世界大会（2014年～2019年、2022年）、チェコ大会（2014年）、パリ大会（2015年）、ドイツ大会（2016年3位、2017年～2019年）、スイス大会（2014年、2022年4位）、日本大会（2014

年2位）に出場してきました。バーゼルでも夏に公園で、友人たちとモルックをしています。フィンランドで行われる世界大会の前後には、前述したヘルシンキモルック協会の友人たちと練習会をしました。日本帰国時に日本大会参加と、純真学園のモルック同好会活動に一度参加しました。

O氏　地域のモルック団体を作り、初心者から中級者向けの講習会、練習会など。

⑦モルックあるあるを教えて！

千穂　なんでもスキットルのように見えるようになる。

ユウヤネン　純真な初参加者が結構上手です。知らない方でも興味を持ってくださる。

松田夫妻　スキットルの重さがまちまち。スキットルを持つ前に、手に唾をつけないで！

O氏　ところかまわず、無意識に投擲動作をしてしまう。円柱状のものを見ると、スキットルに見える。銅像などがモルックしている人に見えてしまう。

⑧モルックの魅力とは何ですか？

千穂　いろいろな方とフラットに知り合い、仲良くなることができる。自然とみんなが笑顔になるところです。

ユウヤネン　地味に面白いので、意外にはまります。頭を使うし、体に負担のない範囲で、適度な運動になるところです。また、思わぬ形で地域の方々と知り合うことができました。本業よりも、モルックで有名になりつつあります。モルック競技における運動生理学的研究は行われていないため、今後、ユニバーサルスポーツとして普及を行ううえで必須である医学的基礎データの収集解析を、山形大学医学部の協力のもとで行っています。第68回日本リウマチ学会（神戸）では、記念モルック大会を開催予定です。

尾曲　戦略、リスクマネジメント力、集中力、度胸さえあれば体力的な差は問わないところです。

松田夫妻　短い時間でドラマが詰まっている。みんなが主人公になれるところです。私たちはモルックから、家族とさまざまな国の友人たちを得ることができました。

O氏　特に大人になってからは、趣味の集まりを作ることはなかなか難しいものですが、モルックはすぐに誰とでも仲良くなれる、魔法のツールではないかと思っています。「いくつになっても趣味と仲間は見つけることができる！」ということを、モルックが教えてくれました。

モルックで出会った人たち

日本でモルックの普及をはじめてから、たくさんの方と出会いました。

モルックのイベントに来てくれて、モルックに熱中してくれた方がたくさんいます。

その中には、モルックの知名度がまったくないころから、熱心に普及活動や大会運営を手伝ってくれた方がいます。私にとっては、初期メンバーと同じくらいお世話になった方たちです。

今回その方たちに、モルックへの思いを文章にしていただきました。最初に紹介するのは、第2章でも登場した森博さん（主な活動エリアは東京都）です。

そして初期スタッフから、工藤早苗さん（主な活動エリアは東京都・宮城県）、浦上涼子さん（主な活動エリアは大阪府）、金森由記さん（主な活動エリアは兵庫県）の3名です。

さらに、モルック正規代理店・ＯＨＳサプライの大橋さんからも寄稿していただきました。入手困難だったモルックが手軽に購入できるようになったのも、ＯＨＳサプライさんのおかげだと感謝しております。

森博さん

モルックにはイッタラやアルテックと同様のポテンシャルがあります

まず、簡単に自己紹介をさせてください。私は東京・麻布で「designshop（デザインショップ）」という会社を経営しています。創業から25年が経ちますが、フィンランドのデザイナーや職人との交流を大切にしてきました。

私どもはインテリアショップという領域にとらわれず、デザイナーやメーカーとの商品プロデュース、展覧会プロデュースなどを通じて、一つ一つの製品を大切に紹介しています。

モルック、そして八ツ賀さまとの出会いのきっかけは、東日本大震災でした。

弊社は、2023年に亡くなられた音楽家の坂本龍一さんが立ち上げた、森林保全団体more treesとお取引をさせていただいております。more trees代表の坂本龍一さんは、震災で大きな被害にあった岩手県住田町の仮設住宅建設において、多額の寄付をされました。

こうしたつながりの中で、スウェーデンの伝統遊具であるクッブ（薪投げゲーム）を住田町で作っていることを知り、調べているうちにフィンランドのモルックというスポーツと出会いました。

モルック本体のデザインもシンプルで、当店で扱っている商品とも相通じましたので、まずは日本モルック協会に連絡をしました。

会長の八ツ賀さまに「震災復興のために、被災地でモルックを生産できませんか」と相談したところ、フィンランドのモルック協会の本部に確認していただき、残念ながら難しい旨ご連絡をいただきました。

この結果は残念でしたが、「フィンランドバーチ（白樺）を使った製品を普及したい」という方向性に共感しました。また、八ツ賀さまの「モルックを日本に普及させたい」という思い、そしてモルックのシンプルなデザインとわかりやすいルールにも惹かれました。

モルックを普及させるには、まずはモルックを知っていただき、モルックを多くの方にご購入いただくことが重要と考えました。八ツ賀さまのネットワークを通じて、フィンランドからモルックを輸入するところからはじめました。

現在では、designshop のWEBサイト（https://www.designshop-jp.com/）でもモルックを購入することが可能になっています。

モルック販売ページ https://www.designshop-jp.com/shopdetail/009000000031/

その後、北欧好きの方々にモルックを紹介し、さまざまな雑誌で情報を掲載していただきました。さらに、国内でも巡回した北欧フィンランド展でも紹介していただきました。

北欧フィンランドの冬は長く、室内での生活が長いため、シンプルで機能性が高い製品が多いように思います。そのフィンランドのライフスタイルと日本は相通ずるところがあり、モルックに関しても同じように感じます。

ガラス・磁器のイッタラ、家具のアルテックなどと同様に、フィンランドバーチで作られたモルックも、日本のライフスタイルに確実に広がっていくでしょう。

函館でのモルック世界大会開催が決定され、とても誇らしく思います。今後はパラリンピックやオリンピックの競技にもなることを、心より願っております。

工藤早苗さん

モルックで家族ができた！サプライズの連続

モルックで世界大会に出場して、結婚して、サンドウィッチマンさんや森田哲矢さん（さらば青春の光）、そして狩野英孝さんとテレビでプレーして。そして、たった今「モルックの本に寄稿したよ」という新たなエピソードが加わった。

そんなふうに伝えると、大抵の人は「何それ？モルックって一体、なんなのさ！」と驚く。

しかしまぁ、改めて文章にしてみると私自身も驚愕する。モルックってなんなのだろう。ただのスポーツ・ゲーム以上の存在だ。

基本的なことはすでにたくさんの方が発信してくださっているのでお任せするとして、私らしい切り口でモルックとの出会いから、現在の普及活動にいたるまでをお話ししようと思う。

私は国内でフィンランドブームが起こる少し前、まだ北欧が日本にとってベールに包まれた存在のころ（1999年）、フィンランドに1か月間ホームステイをして、すっかりフィンランドにハマり、2008年からはタバタビトを立ち上げ、モルック普及はもちろんフィンランド料理教室や、フィンランドについての発信を生業としている。

そんな私がモルックと出会ったのは、経歴からみるとじつは遅い。1か月ホームステイをした後も、数回フィンランドを訪れ、ときには仕事を辞めて（ビザ期限めいっぱい）3か月近く滞在したこともあるのに、モルックを知ったのは、その数年後。それもフィンランドではなく日本だ。この事実はフィンランドにおけるモルックの存在を象徴していて興味深い。

よく例えるのは、モルックは日本人にとってのオセロだ。その存在は誰もが知り、ルールも理解している。小さなころに何回か遊んだかもしれない。いまだって探せば一つは実家から出てくるかもしれない。だからといって、大人になっても夢中で遊んだり、世界大会のために国内外を飛び回ったりするほど熱中するのはごく一部。

フィンランドにおけるモルックは、だいたいこんな存在だと思う。

だから、まだ日本モルック協会が立ちあがったばかりのころ、「モルック世界大会のためにフィンランドに来た」というと、フィンランド人からは「ププッ」と笑われたものだ。

そしてはじめてモルックの存在を知った時、私は慌ててホストファミリーに聞いた。

するとママはなんてことない口調で言った。

「あー、モルックね、うちのサウナコテージにもあるわよ」

まさかの返答に天地がひっくり返るかと思った。何回もサウナコテージ行ったよね？　それなのに一度もモルックしたことなかったの？

ほらね、まさに実家に眠っているオセロ感ここにありき。みんな知っているけど、わざわざ話題に出すほどでもない。

そんなモルックと、ひょんなことから東京で出会った。

その日、その時のことは忘れない。

友人に「フィンランドのゲームを日本に広めようとしている人がいる」と、誘われて行った先で紹介されたのは、日本モルック協会の現会長、八ツ賀夫妻だった。

木の棒を使った遊び、それに熱中している日本人。彼らとの出会いは本当に衝撃的だった。自分もフィンランド好きの変人だが、この人たちはモルック好きの変態だと思った(念のための注釈を入れると、これは最大限の賛辞。尊敬を込めまくって表現しているので、あしからず)。

当時タバタビトでは講師を迎えてフィンランド語教室や、伝統工芸のワークショップなどもしていたので、モルックも楽しいコンテンツになるなと思い、早速体験会を開催した。そのころは東京で活動していたので代々木公園や日比谷公園で集まることが多かった。

まだモルックの「モ」の字も日本にはないころで、それでもフィンランド好きを中心に20〜30人は集まった。特筆すべきは、最初に出会った会長夫妻を筆頭に、ヘルシンキでモルックをたしなんでいた日本人たちが遠方から体験会に参加してきたことだ。

日本各地に団体があり、毎週どこかで必ず体験会があり、大会も頻繁に行われる現在しか知らない人には、モルッカーがおらが町にいないということは、信じられないことだと思う。

もちろん、彼らは仕事のついでに来たなどではない。モルックだけをして、打ち上げにも参加せずとんぼ返りする人もいた。

「ああ、変態だ。ここまでさせるモルックとはなんなのだろう」というのが、そのころの私の正直な感想。

しかし、彼らと一緒に普及する日々は本当に充実していた。損得なしに純粋にモルックが好きな人たちで、これを日本に広めるんだ！　という気概を感じた。そのうちにだんだん日本モルック協会の仲間も増えていく。背景のまったく違う大人たちがモルック普及という共通の目的のために、ときには意見をぶつけ合い、ときには気を許し合ってお酒を飲みながら、とにかく和気あいあいと夢中になっていた。

試行錯誤の手作りで、第1回の日本大会、東京大会を作り上げた。今とは規模もクオリティも違うかもしれないが、それは日本のモルックの歴史に深く刻まれているだろう。

モルックとの出会いは人との出会いだ。簡単なルールと奥深い戦術の魅力で、モルックは人と人をつなげる最高の存在だ。

そんな日々を過ごしているうちに、仲間の一人と結婚することになった。おそらく日本初の「モルッ婚（自称）」である。これはもういうまでもなく人生の大きな出来事で、モルックには足を向けて眠れない……こともないが、最大限に感謝している。


お相手はヘルシンキでプレーしていたモルック変態の一人で、日本モルック協会立ち上げメンバーでもある。

そして、結婚を機に私は仙台に移住する。東京である程度の輪ができつつあったモルックを、次はゼロから仙台で普及することになった。

最初に仙台で体験会をしたのは2月の寒い時だった。東京から来たばかりの私は2月の仙台をなめていた。しかしその小雪がチラつく中集まってくれたメンバーの中から、その夏に開催されたフィンランドでの世界大会に4人が出場したのは、モルックの魅力がなせるワザだろう。2月にモルックを体験し、8月には世界大会に出ている。これこそニュースポーツ・モルックならではのスピード感だ。

その後第一子を授かり、大きなおなかでもモルックを投げ続けた（余談だけど、体調が安定していたら、モルックは妊娠中でも適度な運動になりお勧めだ)。

そして子どもが生まれてから約1年後、フィンランドへ行くことになった。私にとっては夫と子どもをホストファミリーや友だちに初お披露目する機会だ。日本でも結婚式はしたけれど、フィンランドでもウェディングパーティーをしようと考えた。その演出にモルックを採用するのは、あまりにも自然な流れだった。友人に作ってもらったドレスにはモルックが刺繍してある。ウェルカムボードにもしっかりモルックがあしらわれている。

さらに、私たちらしくモルックロードを作って入場しようということになった。しかし、ここで「フィンランドではモルックが集まらない説」が現実となった。

ホストファミリーや友人たちの協力を得てしても、モルックが家にあって貸してくれる人が少ない。でもなんとかかき集めたり、買ったりして、完成したモルックロードで入場し、無事ウェディングドレスでモルックを投げるという目標達成。モルックのおかげで家族になった私たち。こうしてその恩返しをモルックの故郷フィンランドで果たした満足感。本当に温かで思い出深い一日だった。

その後もモルック普及は続く。結婚を機に仙台に来た私には知り合いがおらず、夫も仙台出身じゃない。そんな土地ではじまった子育てでも孤独を感じずにいられたのは、これまたモルックのおかげだ。

モルックは人と人をつなぐ。モルックをプレーしていると仲間や友だちができる。

そうやって自分たちのペースで楽しみながらモルックの輪を広げていたら、ひょんなことからTBCの「サンドのぼんやり〜ぬTV」に出演することになった。

ある日突然、家のピンポンが鳴り、インターホンで「はーい」と出たら、トミー（サンドウィッチマン富澤）さんが「モルックやりましょうよ」と言って立っていたのだ。ちょうど子どもとランチ中だった私は、驚きながらもドアを開けた。そこにはカメラがあって、狩野英孝さんと袴田彩会さん（フリーアナウンサー）までいた！

これはもう最大限のサプライズ。モルックをしていたら芸能人が家にやってきた！

その後はおうちでモルックについてお話しして、そして夫も合流してモルック勝負。

これが放送されると、放送圏内でモルックの認知度が上がったのはもちろん、思わぬ嬉しい余波があった。後日、別の番組で、さらば青春の光の森田さんが「趣味がない」と話された時に、富澤さんが「この間ロケでやったモルックが面白かった」と勧めてくれたのだ。一緒にモルックをした私たちにとって、こんなに嬉しいことはない。さらにこれにより、森田さんがモルックをはじめて、モルック業界に革命を起こしたのは皆さまご存知のとおり。

その後、「サンドのぼんやり〜ぬTV」には2回目の出演もさせてもらう機会をいただいた。今度はサンドウィッチマンのお二人、さらば青春の光の森田さん、TBCアナウンサー熊谷望那さんがおり、真剣勝負をバラエティーらしく面白おかしく楽しませてもらった。

皆さんのサインが入った日本代表ユニフォームと、モルック棒は我が家の家宝。もう、モルックをはじめてから、何度目かわからない「モルックやっていてよかったな」が、ここにある。

とはいえ正直に言えば、私にとっての一番の

上：モルックロード　中：工藤（くどう）だから「9と10」
下：モルック普及の様子

「モルックやっていてよかったな」は、夫と子どもと家族になり、かけがえのない仲間ができたことだろう。これに勝るものはない！　我が子もフィンランドの世界大会へ出場するほどに、モルック好きに育っている。

地道な普及活動の結果、宮城・仙台でもモルックの認知度はうなぎ上り。2022年には宮城県モルック協会も設立され、私たちがやっているハウスカ！モルック仙台にも講師依頼が舞い込むようになり、児童館・市民センター・企業の皆さんとご一緒する機会が増えている。

現在の日本におけるモルック周辺の騒々しさは、当初の予想をはるかに超える。モルック愛好家の顔を全員把握して、同じ志の中だけでモルックを楽しんでいた時代とは大違いだ。

モルックにはそれだけの力があるということだ。モルックは単純に楽しい、そして人と人をつなぐツールだ。

初期の普及活動に携わることができ、日本におけるモルックの歴史の1ページ目を知る人間として、これからも自分たちのペースでモルックをたしなみつつ、今後のモルック業界の更なる発展を祈るばかりだ。

タバタビト代表　ハウスカ！モルック仙台代表
宮城県モルック協会顧問　工藤早苗

＊初期メンバーである工藤氏と結婚。工藤氏は、Wasabi のメンバーで、2021年までJMAスタッフとして一緒に活動してくれました。

浦上涼子さん

自分もいつかあの舞台に立ちたい!!

私のモルック歴は10年目を迎えます。モルックを振り返って文字にしたためる日が来るほどに浸透するとは……信じられない気持ちです。

約10年の活動は息子の成長と共にありました。息子が生まれた年にモルックをはじめたのです。デザイン業界でバリバリ働いてきたせいか、産休、育休に入った途端に社会と接点がなくなってしまったように感じていました。

社会との接点を持つために、もともと好きだったフィンランドに関係するライフワークを見つけたいな、と思っていたところ出会ったのが「モルック」でした。

子育ての合間に参加した、フィンランドの暮らしをテーマにしたお話し会で「モルック」というスポーツを知りました。フィンランドでは、サウナ！　ビール！　モルック！　というくらいポピュラーで、日本ではボーリングや、ゲートボールのような老若男女問わず誰もがプレーできるスポーツだとか。そしてなんと「世界大会」がフィンランドで行われると知りました。大好きなフィンランドに行って、日の丸背負ってモルックをプレーするなんて、楽しいにきまってる！　目にしたことも、聞いたこともない「モルック」。それなのに、身長１４７㎝の私でもできそうな気がして急激に胸が高鳴り、探していたライフワークになる予感でいっぱいになりました。

フィンランド愛好家の間でも「モルック？何それおいしいの？」という認知レベルで、関西周辺で活動している団体などなく、道具の入手もままならないような状況でした。ですが、「圧倒的出会った感」に抗えるすべはなく「じゃあ、自分で練習会をやってやろーじゃないか！」と一念発起し「大阪モルックの会」を立ち上げ、会長を名乗り出ました。

大阪モルックの会をはじめたころは、軽くモルックをしてからお茶会をして終わるという流れでした。モルックって、ゲームの内容にこだわらなければ、50点に到達するのは、さほど難しくないいんですよね。複数本で得点を重ねて、要所で1本をとればなんとなく50点にはなるため、誰でも手軽に楽しめます。それなりに面白いけど、なんだか物足りなさを感じていました。

楽しんで終わりでは、モルックを体験したという思い出だけが残り、なかなか定着する人もおらず、毎回伝道師のようにモルックのルールを教え続けるだけの会になっていました。それなりに楽しく社会との接点を持てましたが、なんだか物足りず私自身が望んでいたものとは少し違うように思いました。

そんな時、日本モルック協会から「第2回日本大会に出ませんか?」と声をかけていただい

大阪モルックの会のメンバー

たのです。「もし優勝したらどうしよ〜」なんて、生ぬるい期待感を持って大会に参加しました。

「日本大会」と銘打っているので、さぞビリビリとした雰囲気なのだろう……と思っていましたが、参加者全員が知り合いという、お正月に親戚一同が会したときのようなほんわかした空気感で、試合とは思えないほどでした。

しかし、準決勝、決勝と、試合が進むにつれ、テレビで観戦するスポーツの試合のように緊張感が高まり、知的で精度の高いプレーを見て、モルックはスポーツだと改めて認識したのです。

自分もいつかあの舞台に立ちたい!!

負けたことを表面では笑い飛ばしていましたが、緊張で普段の実力が出せなかったことに、悔しさだけが残っていました。「優勝まではいかなくとも、もう少し上にいけたはずなのに」と、これまで長く身を潜めていた負けず嫌いが一気に顔をだしたのです。「自分は母親なのだから」と、本気になることを無自覚に躊躇していたのかもしれません。

「周りにどういうふうに思われるかな」「遊んでばかりいるお母さんと思われてしまうかな」「モルックの日に子どもが熱をだしたら」など不安は尽きませんでした。そんなことで悩んでいると、夫が「お母さんが何かに一生懸命でいることは子どもにとってもいいことだから、やってみたら?」と背中を押してくれたのです。周りがどう捉えようと、家族が応援してくれていることが一番心強く感じました。

モルックのコミュニティーの中でも、まずは広く一般の方への認知を優先し、手軽に楽しめるスポーツとしての打ち出しが強かったため、気づいていませんでしたが、大会を通してモルックがれっきとしたスポーツだと実感し、私はこれを「競技思考」でやっていこうと決めました。何かを目指して真剣に取り組むほうが、繰り返し参加する方が増え、より楽しい会になると信じて。

そして大阪モルックの会は「日本大会優勝」と、「世界大会に大阪モルックの会のメンバーで出場」の二つを目標に据え、これらを実現するための挑戦がはじまったのです。「競技思考」をうたうからには、会長である自分が一番強くなければいけない！　と強い覚悟を持って。

方向性と目標が明確になり、新たな決意でモルックに取り組みはじめました。子育て、家事、仕事の合間の限られた時間の中で、効率よく上達するために、フォームを意識しながら狙ったピンを倒す、基礎的な練習を繰り返しました。

珍しいスポーツに出くわした近所の方に「これなぁに？」と質問攻めにあい、思うように時間が使えずもどかしい気持ちを抱えることもありました。しかし、毎日練習していると「おはようございます」から段々と「頑張ってね！」と声をかけてもらうようになり、それがまた力になりました。

モルック界の数少ない先輩方からも、自分たちがやってきた定期練習のあり方を教えていただき、初心者と経験者が一つのチームを組みその日の1位を決めるという「OSAKA CUP」なる練習試合を取り入れ、互いに戦略について話し合いながら試合を進めていきました。

これがかなり効果的で、初心者でも勝てる喜び、負けることの悔しさを知ることができるのです。経験者は初心者を引き連れてどのように戦うか、勝負どころを見極めるのにとても役に立ったのです。勝っても負けても、モルックの魅力を短時間で伝えられるよい手段でした。

大きな大会は年に2回。いずれも東京で行われる大会のみでしたが「大阪でも大会をやってほしい」という声がたくさん集まるようになりました。目指す目標は多いほうがいいし、大阪のメンバーにとっても身近に参加できる大会があるとみんなのためになるかもしれないから、年に一度でもやってみよう！　と、「大阪大会」を主催するようになりました。

そして、第1回大会では、ラッキーな投擲のおかげで、なんと私が優勝してしまったんです。モルックではラッキーがたびたび起こります。運も実力のうちと、素直に受け止めて喜べばいいのですが、逆に悔しさがありました。狙ったスキットルをしっかり取って、戦略を成立させて勝ちたいのです。きっとラッキーなど通用しないスポーツになっていく、そう思っていたので、素直に喜べなかったのです。

そうして練習と試合を重ねるごとに、やりたいプレーとできるプレーがどんどん重なっていき、戦略を成立させて勝つ機会が増え、ますます深みにハマっていきました。

そして2017年第4回日本大会において、私のチームが優勝をおさめたのです！

次決めなければ優勝はないというヒリついた場面で、これまでの努力を信じ、一緒に練習を重ねてきたみんなの期待に応えたいと渾身の一投で勝利を勝ち取りました。

この大会は第1回アジア大会を兼ねていたため、初代アジアチャンピオンに名を刻め嬉しさが倍増しました。このラッキーは素直に嬉しかったです。「努力は報われる」を痛切に実感し、一生の記念になる優勝でした。日本モルック協会会長である八ツ賀さんに「努力して優勝をもぎとったチームははじめてだね」と言われ、今でも心に残っています。

一緒に参加していた大阪モルックの会のメンバーや、たくさんアドバイスをくださった先輩方、家族もすごく喜んでくれて、たくさんの方に支えてもらって感謝の気持ちでいっぱいになりました。

2018年には大阪モルックの会のメンバーと世界大会に出場。はじめての世界大会はほろ苦い結果となりましたが、過去の優勝チームと対戦することができ、海外の方とのモルックを通じた交流ができたことは貴重な経験となりました。

ましてや、日の丸を背負って戦うなんて普通では考えられません。一緒に連れて行った息子も、このことを誇らしく感じてくれているようで、本当にいい経験ができました。

奇しくも新型コロナの流行が追い風となり、今や100万人ともいわれる競技人口。関西でもあちこちにモルックチームができ、いろんな場所で練習会が開かれるようになりました。これまでプレーヤー同士、顔見知りがほとんどだったのが、しばしば見知らぬ人がプレーしているのを見かけ、その急激な広がりに感嘆しています。

競技としても、これまでに積み重ねた年月よりはるかに速いスピードで成熟し、新しい技の誕生や、より難しい投擲が求められるようになり、試合で勝ち上がる難易度もぐんぐん上昇しています。その中で、自分が一番強く……とは、なかなか言えない状況になり、追い抜かされていく感覚は嬉しくもあり、悔しくもありました。

競技として成熟するにつれ、性差や、体格差を感じることが多くなり、どれだけやっても追いつかないいんじゃないかと、限られた練習時間を嘆き、もう勝てないかもしれないと不安と焦りでいっぱいになりました。こんなにモルックが好きなのに。好きという気持ちで勝負するなら負ける気はしないのに。

そんな気持ちでモルックをプレーしても結果がついてくるはずもなく、どんどん自信をなくしていきました。モルック自体はいつもどおり楽しいのに、どれだけ頑張っても結果につながらない……スポーツの残酷さを目の当たりにしました。スポーツ選手って大変な職業なんだなと、引退を考えるアスリートの気持ちをほんの少し理解できた気がします。

そんな時、練習会に参加してくだっている私より年上の人生の先輩方が「勝ちたいから、頑張ってるねん～」と言いながら、ひたむきに頑張る姿があまりにもキラキラしていて、私を勇気づけてくれました。

「差があるなら埋めればいい。今までどおり自分のペースでやるだけ」

焦ってもすぐに上達するわけではないし、好きでやめられないなら、今の環境を受け入れて自分らしくやっていこう！　とマイペースに積み重ねる勇気がわいてきました。今までとやることは変わらないですが。

老若男女問わず同じ土俵でプレーできるのは、いろんな差を埋める投擲フォームや技、戦略がたくさんあるからではないかと思います。それらを、年齢、性別、地域、職業関係なく、大阪モルックの会に参加したモルックという唯一の接点を持った人々と、切磋琢磨しながら切り拓いてきました。

これからもまだまだ開拓は続きます。これまで一緒に切り拓いてくださった方々に、この場を借りて深く御礼申し上げます。本当にありがとうございました。そして、これからもよろしくお願いします！

大阪モルックの会　前会長　浦上涼子

金森由記さん

コミュニケーションツールとしてのモルック

私は子どものころから、いやそれ以前の祖母の代から続く生粋の運動音痴。競って勝たなければならないスポーツとは距離を置いて過ごしてきたので、そもそもスポーツと仲良くなれるなんて思ってもいませんでした。

そんな私が神戸でサークルを立ち上げ、かれこれ7年にわたり継続できている。それだけでもモルックの持つポテンシャルの高さを感じますが、なぜサークルを作ろうと思ったのか？　なぜ継続できているのか？　気づけば年月が経っていただけなのですが、今回よい機会をいただいたので少し振り返って考えてみることにしました。

まず、会社勤めの私の周りには、思いのほか心を病んでいく人が多かったのです。「明日は我が身」という思いもありましたが、心病む前に、仕事とは関係のない居場所があれば何か変わっていたかもしれない。そんな場所があれば……という思いがありました。

公園とモルックさえあればプレーできるし、青空の下で木の棒を投げて木の棒を倒す。投げて当たればよい音がして爽快感もある。この単純明快でゆるい動きが気分転換にはちょうどいい！　軽くてゆるいようですが、拾って立ててまた投げて。意識せずとも屈伸運動を何度も繰り返すことになるので、日ごろの運動不足を自認する大人には翌日に筋肉痛のサプライズもあります！

そして公園で大人が歓声を上げて楽しそうに遊んでいると（こちら関西というお土地柄もあり）必ずと言っていいほど、子どもたちが「これなにー？」と寄ってくるのです。「やってみたい？」と返そうものなら乗っ取られてしまう勢い。欲のない子どもは思い切りよく狙いを定めて素直に倒し、雑念だらけの大人は狙いすぎて外す！

親子対決では子どもがお父さんに勝つこともあり、勝てた子どもは本当に嬉しそうにはしゃぐので、見ているこちらまで嬉しくなってしまいます。大人と子どもが同じルール・同じ土俵で対決して、子どもが勝つ可能性がある！　それだけでも十分ワクワクできますが、自分でスコアを付けるためには簡単な計算も必要となります。これは子どもだけでなく、シルバー世代、ハンディキャップのある人にも共通する部分があるのでは?!　と実際に遊んでいるなかで徐々に実感が持てました。

車椅子の方とご一緒した時も、拾いに行く以外は他の人と同じルールでプレーできたし、逆に車椅子で動作する際の周囲の環境や移動についてなど、改めて考えるきっかけになりました。ゆるく見せかけて、なんてポテンシャルなんだモルック!!

私自身、今まで競技スポーツとは縁がなかったので、練習も苦手であまり勝ちたい欲もありませんでした。だからいつまで経っても上達しないわけなのですが、私と同じように運動が得意でないチビッ子も、すぐにコツを覚えて簡単に私を追い抜いてしまうスポーツ万能なガキンチョも、ただ狙って投げることに楽しみを見いだすおばあちゃんも、いい歳して本気で悔しがる大人も、みんな同じ場所で同じルールで笑って、同じ時を過ごす。その景色はありそうであまりない。

ある種そんなカオスを成立させられるのなら、そんな場を作ることができるのなら、それはとても貴重だと思い、協会スタッフへのお誘いを受けて大会づくりのお手伝いをすることになりました。

同じモルックというツールをもってしても、捉え方はさまざまです。競技として戦略を練り、技を磨き、うまくなって勝つという楽しさももちろんあるのですが、私にとってモルックは優秀なコミュニケーションツール。そのツールで何ができる？　と考えることのほうがワクワクできるのです。

そもそも「こんにちは」の単語だけで「ニホンゴデキマス！」と言ってのける外国人のメンタルさながら、「モルック触ったことあります！」程度で「日本大会」とやらに興味と勢いでエントリーしたのです。じつはそれが「第1回日本大会」でした。その大会は第1回ということもあり、温かさの残る手作り感があって、何よりスタッフ自身がとても楽しそうでした。

当時はまだ知名度も低く、得体のしれない大会に参加するためにわざわざ東京まで？　と言いたくなる周りの意見はごもっとも。今となればですが、勢いと好奇心は大切ですね。

神戸でも活動をしながら、日本モルック協会のスタッフとしても関わらせていただくことになったのですが、当初はまだ法人化を目指しているボランティア集団でした。年々増えていく競技人口にスタッフの数も追いつかず、大会前1か月を切るとハードな生活だったことを思い出します。

大会規模も企画も大きくなり、ボランティアだけの運営では追いつかず法人化が急務となったところ、競技性の面白さだけではなく、ユニバーサルな観点や〝ゆるい〟からこそ可能な広がり方に重きを置き、地元でも一時的なブームで終わらせず、できるだけ継続することを目標に、私は軸足を神戸に戻すことにしました。

神戸でもスタート当初は顔見知りばかりでしたが、メディアの影響もあり今は場所の確保に苦慮するほどになりました。最近では外国人の参加も増え〝関西弁の出川イングリッシュ〟でコミュニケーションを図っています！

コロナ規制も緩和されていろんな国の人が増え、少し大袈裟かもしれませんが、神戸在住の外国人のコミュニティーにもなれるといいなぁと。私たちにとっても知らない文化や英語の勉強にもなり、また違った面白さも出てきました。

私自身想像もしていませんでしたが、ふとした出会いから葉脈に水が流れるかの如く広がり、つながる面白さも体験でき、きっかけとなった人とのつながりに改めて感謝です。

せっかくの御縁なので今年の4月には、ローカルフード「神戸名物そばめし」や「お好み焼き」を準備して満開の桜の木の下にレジャーシートを広げ「お花見モルック」を開催しました。

年に数回このようなイベントも織り交ぜて年間スケジュールを組み、月1回の練習会でのスコアを記録して、忘年会では個人戦績トップの人を表彰したり、参加回数が多い人が有利になるような抽選会を企画したりしています。

行き詰まった人も、ふと思い出してふらっと来られるような場所にしたい。そのためには定期的に継続して開催されていることが前提ではないか。そういう思いから、毎月練習会を開催し、なるべく毎月参加することが楽しみになるように工夫しています。

そのアイデアのほとんどは私ではなく、共同代表である友人からのものです。共同代表としてあれこれ相談しながら進められる仲間や、同じ価値観で理解を示し面白がって協力してくれる仲間がいるからこそ。周りの人に恵まれていることは言うまでもありませんが、想像もしなかった場所へ連れて行き、いろんな人との御縁をつないでくれるモルック。この先はどんなつながりを生み、どんなところへ連れて行ってくれるのでしょうか。

モルック神戸にも、練習を重ね日本各地や世界大会へと足を運ぶ「勝てるメンバー」も備えているので、多国籍軍としてチーム編成し、いずれどこかの大会にも参加してほしい！ と願っています。競技性だけに偏らず「ふわっとゆるく、ときどきピリッと」つながり広がっている今のモルック神戸のあり方が私にとっては心地よいのです。

直接的に日本モルック協会の運営からは離れましたが、初期スタッフとして少し離れたスタンスで自分たちなりの普及を試みています。神戸というローカルエリアでの小さな活動ですが、それでも継続運営することの難しさや、関わる人が増えることでのメリット・デメリットなども理解できます。

急速に話題のスポーツとなり、今は日本全国どこへ行ってもモルッカーと出会えるほど人口が増えているモルックですが、日本モルック協会には一時のブームで終わらせず、永く存在して今後もより幅広く多角的な展開を期待してい

お花見モルックの様子

外国の方もたくさん参加され、桜とモルックを楽しむ

ます。

モルック神戸　代表　金森由記

正規代理店として思うこと

OHSサプライ合同会社　代表 大橋 一輝さん

ビジネスとして玩具、ゲーム業界で輸入業を行っている関係上、海外で流行し話題になっている商品について、常にアンテナを張り巡らせています。

たまたま海外ブランドのオーナーさんから情報収集をしていた時に、モルックを知りました。「フランスでモルックというアウトドアゲームが、かなり人気があり面白いよ」という情報をいただき、言語依存のないゲームは他国でも人気がでる可能性があると思いました。そこでTACTIC社にコンタクトし、モルック輸入にトライしてみることになりました。

日本で急速にモルックが普及していき、テレビ番組の影響もあって一時在庫がなくなるまでになりました。代理店としても本当に喜ばしいことだと思っています。

その反面、モルックの品質はまだ十分とは言えません。ご存知のようにかなり雑な作りで、我々もTACTIC社に何度も品質改善をお願いしました。かろうじて木箱の釘留の改善などをしていただけましたが、それでもまだまだ雑で、日本の小売店が受け入れられる品質には十分とは言えない状況です。

我々のビジネスの観点からですと、スポーツ店、ショッピングモール、専門店、百貨店、玩具店など全ての小売店の店頭にモルックが並べられるように願っています。

また、仕入れ計画やリードタイムの長さにも苦労しています。入荷計画は1年前にTACTIC社と計画し決定させなければならず、急激な需要増には対応できないので、在庫を切らしてしまうことが非常に多く苦労します。

また、フィンランドのポリから東京港には通常2~3か月かかるのですが、昨今のコロナやスエズ運河の事故など、予想のつかない要因によって大幅に輸送が遅れることが多く、お客さまに迷惑をかけてしまうことが申し訳なく思っています。

今後は、モルックを子どもからお年寄りまでたくさんの方に楽しんでもらい、〝モルック〟と聞けば誰でもわかるゲームになって欲しいです。パラリンピックやオリンピックなどの国際スポーツイベントの正式種目に選ばれれば、すごいですね！

協会運営において助けてくれた方々

世界大会誘致。競技人口100万人。書籍化。こうしたキーワードを書くと、「モルックは好調だな」と思われるかもしれません。私も、普及をはじめた当時と比較すると、ずいぶんと進化したなと感じます。

一方で、協会の運営ではさまざまな意思決定を行うため、大変なことや悩みも少なくありません。

スタッフが増えた現在では、相談できる相手もたくさんいます。しかし、2019年くらいまでは、協会運営の悩みを相談できる相手は限られていました。その時から助けていただいたのが、「モルック和歌山」の石垣泰伸さんと河村秀樹さんです。お二人から本当にたくさんのことを学びました。

モルック和歌山は2017年に誕生したのですが、そのきっかけは河村さんがモルック神戸の練習会に参加したことでした。石垣さんが話を聞いて、「ワインを飲みながら、葡萄畑でモルックなんて面白いかもね」と思われ、老若男女を問わず楽しめる、そして交流の場をつくれるスポーツという点に魅力を感じたそうです。

そして神戸での練習会から2週間後、和歌山城「西の丸広場」でモルック和歌山の最初の練習会が開催されました。かなりのスピード感です。

モルック和歌山の誕生後、さまざまなモルック活動を継続してこられました。例えば、有田市みかん海道にある、イタリアンレストラン「テスティモーネ」とヘリポートをお借りして開催した「天空のモルック」。春は花見、夏はバーベキューを楽しみながらの「ピクニックモルック」。また、ＪＲ和歌山駅前の「みその商店街」では、協会スタッフも参加してたくさんの子どもたちにモルック体験をしてもらいました。このようなゆるいモルック活動のことを、モルック和歌山では「ゆるモル」と呼んでいます。

石垣さん、河村さんとモルック和歌山の皆さんも、毎年のように選手としてモルック大会に参加されています。大阪の泉佐野市で行われた大会では、新人ばかりの和歌山のチームが18位と好成績を収めました。石垣さんは「負けると、焦燥感と敗北感を味わうよね。でも、それを語り合える仲間が最高だね」と言われます。私から見ると「めっちゃ楽しそうにモルックやってる。たとえ負けても、清々しく帰る人たち」という印象です。

前述したように、石垣さんと河村さんからは、協会運営において多くの助言をいただいています。私が悩みを感じるたびに、メールや電話で何度も相談に乗ってくださいます。実際にお会いするのは年に一度くらいですが、お二人は本当に心のこもったおもてなしをしてくださいます。私は大変心地よい気分にさせていただいたことで、「自分も人と会うときには、同じようにしよう」と学びました。言葉遣いやマナー、目配り気配り、人を紹介するときの作法など、お二人から学んだことは数え切れません。

お二人は、いつもニコニコと柔和にしておられて、私の話を穏やかに聞いてくださいます。そして、例えば「会社の経営者なら、そのトラブルについてはこういう考え方をしますよ」とか、「あなたの役割は、日本モルック協会の会長としての理念をしっかりと伝えていくことですよ」といった、的確な助言をくださいました。

石垣さんと河村さんに相談した後は、悩みもふっきれて、前向きに考えることができるようになりました。こうした御縁が、モルックをやっていて何よりの宝物だと感じています。

石垣さんは、「モルックを通じて人と人とのよい出会いを、一人でも多くの人に経験していただけるような場を提供していきたいと思います。年代や性別、障がいの有無も超越した集まりにしたいです。モルック和歌山といえば『ゆるモル』です。これからもモルック愛がいっぱいのメンバーたちと一緒に、楽しく活動していきたいと思っています」とおおらかに語ってくれました。

スポンサーの皆さま

2021年1月、日本モルック協会ははじめてのスポンサーを獲得しました。京都市に本社がある、株式会社レプスさんです。

和歌山城でモルック（写真提供：モルック和歌山）

きっかけは、ボランティアスタッフの牧野唯仁さんです。牧野さんはレプスの社員で、社内でもモルックを普及してくれました。レプスの堀社長も初期からモルックの大会に参加しており、今でもプレーヤーとして活躍されています。

堀社長が「モルックのスポンサーをするのも面白いな」と言ってくださったのが、スポンサー制度のきっかけです。レプスはＷＥＢデザインやシステム開発のお仕事をされています。この御縁で、日本モルック協会のＷＥＢもレプスに制作を依頼しました。

日本モルック協会が法人化した直後にスポンサーを獲得できたので、本当に嬉しかったですし、大変ありがたいと思いました。このような御縁を大切にして、更にモルックの普及に邁進していきたいと思っています。

日本モルック協会のスタッフは、皆さんボランティアとして働いてくださっており、代表理事として心苦しく思うこともあります。ボランティアの中には、高度な知識を持つ専門家がスキルを無償提供する、いわゆるプロボノの方も多数いらっしゃいます。

スポーツに限らず、組織運営を続けていくにはお金がかかります。例えば前述のＷＥＢでいうと、公認団体と友好団体の情報を更新するにも更新管理費用が発生します。写真をたくさん掲載すればサーバー費用もアップします。

モルック大会を運営する場合も、見えない部分でたくさんのコストが発生します。今では皆さんからの大会参加費でずいぶんと賄えるようになってきましたが、当初はポケットマネーから運営費を捻出してきました。

「モルックのすばらしさを伝えたい」「性別や年齢、障がいの有無、住んでいる場所に関わらず、日本全国で楽しめるスポーツにしたい」「子どもの笑顔が増えてほしい」。そういった一念で続けてきました。

現在、日本モルック協会ではスポンサーのことを「パートナー」と呼んでいます。

1年間を通してご協賛いただく「年間パートナー」と、公式大会ごとにご協賛いただく「大会パートナー」を募集しています。

本書執筆時である2023年9月1日の時点で、次項の年間パートナーの皆さまがモルックを応援してくださっています。

◎トップパートナー

株式会社サンリオ

富国生命保険相互会社

◎プレミアパートナー

株式会社 BAYCREWS JOURNAL STANDARD relume

株式会社 Another works

TIMEX

◎ゴールドパートナー

株式会社レプス

丸進運輸株式会社

OHSサプライ合同会社

右記に加えて、フィンランド政府観光局さまからは「後援」として、フィンランドにまつわるさまざまなものを提供していただいております。

これまでに数多くの方々からご支援をいただいております。全国でさまざまなイベントを実施できるのも、皆さまのご協力のおかげです。本当にありがとうございます。

Column

日本モルック協会
スタッフ紹介

理事　嶋津克彦

モルックとの出会いは、２０１８年です。幸福度世界一のフィンランド文化がそのまま凝縮されたモルックに、すっかり魅了されてしまいました。

２０２０年、縁あって日本モルック協会に入職し、福祉部スタッフを経て、本年度より都道府県担当理事として活動することになりました。

現在、都道府県協会は全国に９団体、そして６団体が申請準備中です。

都道府県協会の役割としては、地域でのモルックの普及定着、県大会の主催開催など、行政との関わりの強い団体として活動しなければなりません。

今後モルックが全国に普及定着するには、都道府県協会の役割が重要となっていきます。

まずは地域のスポーツ団体との連携や、また２０２３年５月に正式加盟しました日本レクリエーション協会傘下の都道府県レクリエーション協会との協働も必要となってきます。

モルックは行政との相性がすごくよいと考えます。

例えば準備費用などにもお金がかからない

ですし、既存の施設や小スペースでも対応可能、また参加人数に応じて、規模も時間もコントロールできます。

将来的には、地方創生、地域の観光資源、誘客支援の一助となり得るコンテンツとして、公式大会の誘致、開催協力や、都道府県大会の開催など、都道府県協会の役割は大きなものがあります。

また昨今、行政が力を入れているスポーツツーリズムについても、研鑽が必要かと思われます。全国規模の大会を県内のスポーツ施設で開催すると、助成金の対象となる。そういう情報を常時、収集に努め活用していくことが大事かと考えます。

理事　神保匡

2014年10月に開催した第1回日本大会は32チーム、そのプレ大会として2014年5月に開催した第1回東京大会は17チームの出場でした。

それが今や出場チーム数は300チーム超、東京の代々木公園に土日に行くと公園のあちらこちらでモルックを楽しんでいるグループを見かけるようになりました。

これだけ競技人口が増えたのも、「さらば青春の光」の森田さんをはじめとするアンバサダーの皆さん、各地で普及活動をしてくださっている公認団体や都道府県協会の皆さん、そして地道に裏方の仕事をしてくれている日本モルック協会のスタッフの皆さん、我々の活動を支えてくださっているパートナー各社さまのおかげだなと思っています。

本当に皆さんありがとうございます。

モルックの大会を開催しようとすると今で

はコート数を確保するのも一苦労です。そんな中でも更に活動の場を広げるべく、ビーチの活用に注目しています。

皆さんは「ビーチモルック」をご存知でしょうか？

通常の土のコートでの試合だと遠くのスキットルを狙える人が上位になる傾向がありますが、ビーチの砂のコートの場合はスキットルがあまり散らない、遠くへ飛ばないという特性があり、遠投が苦手な方でも勝てるチャンスが高まります。

スキットルが固まっていると50点ちょうどで「あがる」のが、より難しいという側面もありますが、遠投が難しい障がいをお持ちの方やお子さん、女性、シニアの方、健常者の大人の男性が、土のコートよりも更にイーブンに戦うことができます。今後、ビーチモルックも競技会を開催して参りますので、ぜひ挑戦していただければと思います。

協会発足時からの夢であった世界大会の日本誘致も２０２４年に実現します。

もう一つの夢であるパラリンピック競技としての採用に向けて、誰でもが一緒に楽しめるインクルーシブなスポーツとして認知されるよう、実現に向けて尽力して参りたいと思っております。

理事　宍倉泰司

私がモルックに出会ったのは、今から約８年前です。同じ理事をしている高校の同級生の神保から誘われて体験したのがはじまりでした。その時、直感的に「これは面白い！」と思いました。

その後、６年前にはじめて大会に参加した

時、負けて悔しかったのと、決勝戦を見てこの場に立ちたいと思い、それからモルックに打ち込んできました。

それ以来、現在にいたるまでモルックを一度も嫌いになったり、飽きたりすることはありませんでした。むしろ、やればやるほど、ルールは簡単で誰でもできるけど奥が深い、よくできたスポーツだと感心するばかりです。

ここ2〜3年のモルックの急速な普及を目の当たりにし、最初にモルックを体験した時に感じた思い、絶対にはやると思って続けてきたことは間違っていなかったと実感しています。

それでもまだまだモルック人口は日本の人口の1%程度です。

一度でもやれば、モルックの面白さ、奥深さはわかってもらえると思いますので、もっともっと日本全国でモルックを触ってもらって、楽しさ、面白さ、奥深さを知ってもらい、日本全国どこに行っても、公園で子どもから老人まで誰もが一緒にモルックを楽しんでいる姿が当たり前になるように、普及活動をこれからも続けていきます。

理事　中井聖典

日本におけるモルックは、2019年を区切りとして普及速度が増しています。新型コロナによる感染拡大がはじまった年でもあります。コロナ禍で人気が再確認されたスポーツは数少なく、それ以前と比較し競技人口が爆発的に膨れ上がったのはモルックだけかもしれません。

その理由として、モルックが持つ「ゆるさ」と「競技性」が現代社会にあっているのだと確信しています。

コロナ禍にあってディスタンスを求められた期間を経て、人々はスポーツやレクリエーションを通じた対面でのコミュニケーションを、以前より更に強く求めるようになったと感じます。

2023年5月に行われた「第1回モルックジャパンオープン」の参加選手は1000人を超え、大会参加選手の最年少は4歳、最年長は74歳の方でした。編成されたチームは、男女混合チームが多く、家族チームや会社の同僚チームなど多様性のあるチーム編成で参加されていました。中には車椅子の方も選手としてエントリーしてくださり、多くの方と触れ合えることが何よりの楽しみです。

小学校での授業では「運動会は足の速い子がどうしても目立つが、モルックは関係ないからよいですね」というお言葉もいただきます。

また、障がいをお持ちのお子さまを連れたお母さまからは「我が子と同じスポーツをして、一緒に盛り上がって、最後は私が楽しんでいましたよ。こんなスポーツは珍しいです」との感想をいただいたこともあります。正直、この時は涙が出そうになりました。

モルックは文化的な柔軟性、年齢や能力への適合性、チームワークとコミュニケーションの向上、健康促進、交流促進など、多くの利点を持っています。

更なる普及を通じて、国内のモルック発展に貢献できるように努力してまいります。

競技部　チーフ　石井徹

競技部の仕事は主に、（1）ＪＭＡが主催する公式大会における競技面の管理、（2）公認団体が主催する公認大会の管理、（3）審判員の育成、などです。
（1）においては、近年の公式大会は200～300チーム規模の2日間にわたる大会となっていて、その大会におけるコート設計、試合形式やルールなどの策定、パンフレットや得点表等の準備、大会当日における試合の管理、大会結果の取りまとめなどを行っています。
（2）においては、公認団体からの公認大会の申請を受け付け、事前の準備から大会当日、そして大会後まで必要に応じてバックアップを行い、全国各地での公認大会がスムーズに開催できるように管理しています。
（3）においては、公認大会やその他各地での大会で、正しい知識を有した審判員が試合の審判を行えるよう、審判員育成のための講習会を行っています。
経験や実力を問わず誰でも出場でき試合ができるということはモルックの魅力の一つではあるのですが、その一方で、他のスポーツ同様に、選ばれた選手のみが出場できる大会を創設したいという思いがあります。

そのために、選手の登録制度を構築し、地方大会を経ての全国大会という流れを創設したいと考えています。

モルックは、ルールは比較的シンプルでありながら、競技としては奥が深いと考えています。試合を行うコートの状況（土・砂・芝生等）も、そのときによって変わってきます。最後の最後までどちらが勝つかわからないといった試合も多々あります。

誰でもすぐにはじめて楽しむことができる一方で、経験者・実力者であっても実力や戦術を上げていくことによって、より高いところを目指すことができる。それがモルックの魅力の一つであると思います。

総務部／財務部　チーフ　田中慎也

財務部の仕事は、日々の取引の帳簿記入、見積書・請求書の作成、入金出金管理、債権債務の管理、収支報告書作成、税務関連業務など、一般企業とそれほど変わりはないと思います。

ただ日本モルック協会は一般社団法人のため、独自の会計処理が必要になってきます。私自身、一般社団法人会計ははじめてで当初は戸惑うことが多かったのですが、自分なりに勉強し、これまでなんとかやってきました。

財務部の課題（法人全体の課題でもありますが）は運転資金をいかに確保していくか、モルックを普及させるためにどのようにマネタイズしていくかです。

長期的に事業運営を続け、モルックを普及させていくためにも、十分な活動資金を確保していくことが必要です。一般社団法人なので、利益を追求することが目的になってはいけませんが、事業活動に必要な資金を獲得することは今後の大きな課題です。

総務部は、組織のなんでも屋さんのような部署です。

主には、公認団体や友好団体の受付とWEB掲載、規定や規約等の作成、リーガルチェック、名刺作成、各種申請書の作成、人事などを行っております。

公認団体や友好団体もあわせると220を超える団体となりました。

一方、協会内部の制度的な部分や、規定や規約も不十分なところがあります。今後はリーガルチェックを入れながらしっかりした組織制度を作っていきます。

モルックは汎用性の高いスポーツだと思います。人数、性別、年齢、国籍、障がいの有無など関係なくできますし、コミュニケーションツールとしても、最高のツールだと思います。

だからこそ、さまざまな人がそれぞれの目的をもってモルックをはじめ、続けてくれる方が多いです。しかし、関わってくる人や団体が多くなればなるほど、それぞれの利害が対立することも多くなることが予測されます。

誰のための活動なのかを常に意識し、協会の設立趣旨に立ち返りながら、スタッフとしての活動を続けていきたいと思います。

渉外部　チーフ　蓮岡勇樹

私たちの業務は、日本モルック協会（以下JMA）の理念にご賛同いただける企業さまとのパートナーおよびスポンサー契約を締結することです。

おかげさまで多くの企業さまにご協賛いただいておりますので、これからは企業間のコミュニケーションを図り、シナジー効果を出すためにパートナー・スポンサー大会を計画しています。

モルックは、私が今まで経験してきたスポーツの中で、誰もが一緒になって楽しめる一番のものだと思います。

プレーヤーの皆さまには、大会で優勝するためだけでなく、大会で出会った方々とのそれ以降のおつき合いを大切にして、このスポーツを長く続けていただきたいと思います。

私自身そこを一番大切にしていて、全国各地どこで大会があっても会いたい人たちがいて、モルックを一緒にできる環境が私の人生の楽しみとなっています。

また、モルックは組織内のコミュニケーションツールとしても優れています。競技のルール自体は簡単ですが戦略については奥が深いので、短時間でチーム内で一つの答えを出して、プレーする必要があります。そのため自分の思いを伝えて、相手の思いも理解する必要があります。

ぜひ企業さま内でのコミュニケーションを目的とした研修・実習で取り入れていただきたいと思います。

広報部　チーフ　益邑沙季

広報部の仕事は、モルック普及活動や、アンバサダーや著名人のモルックに関する活動などあらゆる情報を管理し、戦略的に広報・宣伝を行うことです。

具体的には、メディア（新聞・雑誌・テレビなど）からの取材や出演依頼に対応したり、公式ホームページの管理・更新、ＳＮＳや公式YouTubeチャンネルを運用したり、大会ポスターや参加賞などのグッズ類のデザインやその発注など、多岐にわたります。

ここ数年でモルックの人気はぐっと高まってきていますが、２０２４年函館での世界大会に向けて、一段とモルックの認知度の向上を目指したいと思っています。また他の部署と協力して、「モルックを知っていて興味はあるけどまだやったことがない」方々が気軽にモルックを体験・練習できる環境を整えたいと考えています。

モルックは、普段運動することがあまりない方でも気軽にはじめられ、大人も子どもも気がついたら白熱しているような面白さがあります。頭脳や心理戦の側面もあり、その奥深さから生涯楽しめるものでもあります。プレー中は自然と会話が生まれ、笑顔が生まれる。そんなモルックがもっと国内外問わず広く知られて、モルックを通して楽しい時間を過ごす人が増えてほしいと思っています。

福祉部　チーフ　酒井千晶

福祉部はモルックのユニバーサルスポーツとしての側面をより多くの方へ知っていただくことを目的とし、さまざまなスポーツイベント、特別支援学級・特別支援学校、福祉施設への講師派遣や公式大会でのユニバーサル対応を主に行う部署です。

近年では、『パラリンピック周年記念事業TOKYOパラスポーツパーク』や『ヒューマンライツ・フェスタ東京』、『パラスポーツフェスタちば』といった大型イベントにお声がけいただける機会も増えてきました。

また、さまざまな学校から障がいのある子どもたちの新たな自立活動として、授業や学校行事の充実に向けたお手伝いをさせていただくことも多くあります。

私たちの強みは、福祉や支援に詳しいスタッフが所属していることです。専門職として、幼児やシニア世代、そして身体・知的・精神障がいの支援の現場を経験しています。

障がいの有無、年齢、性別を超えて一緒に楽しんでいただくための具体的な提案や、特別支援教育・療育現場での活用方法。障がいのある方の成人期の余暇活動やシニア世代の方に無理なくご参加いただくための工夫を日々検討しています。

身体機能の制限や障がいがあることによって特別扱いされるのではなく、同じ場所で、誰にとってもわかりやすく、そして気兼ねなく参加できる状況を作り出せるスポーツで、これがモルックがユニバーサルスポーツであると考える理由です。

子どもたちにとってはソーシャルスキルのトレーニングとして、社会で生きていくためのスキルを身につけることができます。

また、世代関係なく、みんなで「できた！」を共有できることがインクルージョン（一体感）につながります。モルックが、あらゆる現場で活用していただけるツールになっていくことを期待しています。

普及部　チーフ　森祐生

普及部は、その名のとおり、日本各地にモルックを広めることを目指す部署です。私たちの主な活動は二つあります。

一つ目は、さまざまなイベントでモルックを体験していただけるよう、依頼を受けて講師を派遣する『講師派遣活動』です。二つ目は、正しい知識と適切な指導力を持つモルック指導員を認定し、育成する『モルック指導員の推進活動』です。

これまでの活動として、商業施設や大規模なイベント、地方自治体からの依頼にこたえ、2022年にはコロナの状況下でも年間100件以上のイベントに講師を派遣し、3000人以上の方々にモルックを体験していただきました。

また、モルック指導員として、300人以

上の方々がライセンスを取得し、日本全国にモルック指導員が広がる成果をあげることができました。

モルックは単なるスポーツの枠を超えて、強力なコミュニケーションツールとしても活用できると考えています。

例えば、会社の従業員同士の親睦を深めるレクリエーション活動。親子やお祖父ちゃん、お祖母ちゃんとも一緒にできるので、三世代をつなぐこともできます。

また、初対面の人々が同じチームになることで、自然に距離を縮めることができます。必然的なコミュニケーションと感情の共有をすることができるモルックの可能性は無限大だと思っています。

私は将来的には、モルックを通じてさまざまな社会問題を解決する可能性もあると信じています。モルックが全国に広がれば、日本が優しさに包まれ、笑顔と希望に満ちた社会を築くことができると確信しています。

学生連盟　松﨑良範

学生連盟では、学生間におけるモルックの盛り上がりの一助となるべく、現役の大学生メンバーと共に活動をしております。

具体的には、大学新入生向けのモルック体験会などの普及活動を行っています。

競技面では、毎年の一大イベントである「全日本モルック学生大会」を開催しています。現在は大学生にフォーカスを当てた活動が主です。今後は、小学生や中学生、高校生までを包括して、全学生がよりモルックを楽しめるコンテンツや制度の確立を目指していきたいと考えております。

老若男女問わず楽しめるスポーツとして競技人口が急増しているモルックを次世代へとつないでいき発展させていく。今後それを担うのは紛れもなく、現在の若い世代、特に学生の方々です。

　そういった学生の皆さんやそれを支える親御さんに向けましても、引き続きモルックの魅力を発信していくとともに、まだまだ発展途上の学生連盟につきましても、しっかりとその体制を整えていくことが大切だと考えています。

第5章

モルックに込める願い

5

学生時代を振り返って

私は生まれてから高校卒業まで、神奈川県横浜市で育ちました。のんびりした家庭だったこともあり、中学校2年生までは自宅で勉強することもなく、成績はオール3くらいでした。進学が迫ってきた3年生から慌てて勉強をはじめ、成績が上がりはじめ、どうにか地区3番手の公立高校に進学できました。

じつは大学進学も高校に入ってから考えはじめたくらいで、はじめから医師を目指していたわけではありませんでした。高校では食品の研究に興味があり農学部を目指していましたが、特別したいことがあったわけではありません。

しかし高校2年生の夏休み、たまたまテレビで「国境なき医師団」のドキュメンタリーを見て、誰かの役に立つのがかっこいいと思い、遅めではありますが医学部を目指すことにしました。私の高校から医学部を目指し進学する人は、浪人しても3年に一人いるかいないかくらいでした。ですから学校の先生も、「まぁ頑張れ」くらいの扱いでした。

当時の成績からしたらとても入れそうにない高い目標でしたが、遠回りしても目標にたどり着ければよいだろうと思い、2浪までは頑張ろうと思っていました。

そして、浪人の1年間を山口県宇部市にある母方の祖父母宅で勉強しました。ここでの生活は自分にとてもあっていたようで、得意の理数系はしっかりと基礎固めもでき成績も一気に上がりました。苦手の英語も、どうにか合格ラインまで上げることができ、医学部受験をできるところまできました。

正直、浪人時代は自由でのびのびとした時間でしたので、気負わずに自分のペースでやっていこうという思いで勉強を続けていました。

山口の予備校に行っていたおかげで、九州にある大学も視野に入るようになり、一浪して宮崎の大学に入りました。大学では、弓道やバンド活動、アルバイトをして、充実した時間を過ごしました。

一方で自分の能力より背伸びして入学したこともあり、勉強についていけなくなり留年します。

3年生を2回留年して8年間を過ごしました。同級生たちの多くは中学受験経験者であり、中学受験していない私と比べ、圧倒的に勉強の瞬発力と記憶力の違いを感じました。卒業できるのかな、と本気で落ち込みました。

しかし前に進むしかありません。もともとコツコツと努力する性格で、努力の結果も出ていたので地道に勉強し続けました。そして2回留年しましたが、なんとか無事に卒業できました。

この2回の留年が、もしかしたら私のモルック人生のはじまりかもしれません。

生化学の実験・講義を3回受けることになり、解糖系・糖新生・クレブス回路といったミトコンドリア代謝に関わる知識がしっかりと身につきました。このことが、医師になってからミトコンドリア病への理解を早めたと思います。

多くの医師は、当時ミトコンドリア病への苦手意識があったと思いますが、私は苦手意識を持たなかったことからミトコンドリア病研究に進み、フィンランド留学という流れになった可能性はあります。

また宮崎で南国時代を過ごしたことが、後に北国への憧れになっているのだと思います。

卒業後は地元横浜で就職しようと考え、神奈川県内の病院をいくつか見学しました。しかし、浪人時代は周囲に何もない本当の田舎ライフを楽しみ、大学生活もそこそこの田舎ライフを楽しんだことで、都会での生活を考えるとつらく感じられました。

どうしようか迷っているうちに、友だちが福岡の久留米に行くということで、流れに任せて自分も久留米大学に就職しました。

研修医から小児科医へ

20年以上前の研修医は、今の研修医と異なり、働き方改革やハラスメントという考え方がない時代です。

医師の世界は軍隊に近いと言われますが、そういう部分はあるかと思います。

朝7時過ぎには病棟に行き、採血をひととおり終え、8時からのカンファレンスに備えます。9時から病棟業務がはじまりますが、当時の研修医の仕事は雑用を含め大変多く、紙カルテということもあり、非常に書類整理に時間がかかりました。昼食を食べ損ねることも多かったです。

夜も20時前に帰ることはほぼなく、夕食は当直の人と一緒に食べたり、21時以降にスーパーの半額惣菜を買ったりする感じでした。当直も月6~8回くらいしていましたので、家にいる時間は本当にありませんでした。

先輩・後輩の距離はよくも悪くも近く、かわいがってもらえる反面、先輩には逆らえないという面もありました。今思えば、人間くさい関係でよい思い出です。

大変なことばかり書いていますが、やはり同僚と切磋琢磨し相談し合い、先輩医師からいろいろなことを教えてもらうことで、日々成長していることを実感できました。

患者さんの病態がよくなると、何よりも嬉しく感じました。

また、患者さんと仲良く話すことができるようになると、本当に楽しい時間を過ごすことができ、つらさもありますが、ほんの少しだけ楽しいことが上回っていて、中身の濃い充実した時間でした。

そして、同僚や先輩医師、患者さんなど、私自身が誰かの役に立っていると思える瞬間があるからこそ、きつい修練も乗り越えてこられたのだと思います。

つらいと思う時でも、人に対して真摯に向き合うことで、成長を実感し前に進むことができるのだと思います。

小児科医の苦労は、大きく二つあります。

一つは、診察の対象が子どもなので、本人の訴えが成人ほど明確でないことです。言葉がまだ話せないけど、なんとなく体調悪そうだな、とか、お腹が痛いのはわかるけど痛みの程度がわからないなど、言語のコミュニケーションが難しいところです。

後から症状に気づいたり、診断がその時にできなかったりということは正直あります。しかし、その時に判断を下すことができなくても、診断・治療猶予のある期間内に、あらためてしっかりと診断できることが、小児科医の重要なところだと思います。

もう一つは、患者さんの家族とのコミュニケーションです。当たり前のことですが、家族は子どもが心配でたまりません。子どもの状態を言葉で表現することは家族ですら難しいので、より一層心配する気持ちが強くなると思います。そんな中、いかに家族の心配をしっかり受け止めて、適切な対応ができるかが問われます。

子どものことになると、感情があふれ出す家族も多いです。そこで慌てず対応できるようになるのに十数年かかりました。それまでは、家族の本当の思いや気持ちを理解できなかったり、言葉の選択を誤って家族の感情を揺さぶってしまい、落ち込むことも少なくありませんでした。

例えば、少し疲れていて慎重さに欠け、何気なく言った一言で、患者さんの母親に「見放された気がした」と言われたことがありました。言葉一つが相手に与える影響について深く考えさせられ、反省しました。

また、医師になって1年目に白血病の患者さんを担当したのですが、その親御さんから信頼されていないことが、雰囲気でも伝わってきました。私はやるべきこと、当たり前のことを当たり前にすることが信用や信頼につながると思い、真剣に対応しました。

当たり前のことを当たり前に、というのは、例えば検査結果が何時ごろ出るかわかったら、その時間を伝えて、その時間どおりに結果を知らせに行くなどです。遅れる場合には、遅れますときちんと伝えるなど、本当に当たり前のことを誠実に続けることを心がけました。

残念ながらその患者さんは亡くなってしまいましたが、最後に親御さんから「最初は信用できるのか不安だったけど、途中からは先生を信用して安心して任せられました。ありがとうございました」と言ってもらえ、もっともっと精進しなければいけないという気持ちになりました。そして、こちらが真剣に対応すれば相手にも通じるんだということを、学ばせてもらいました。

大学病院勤務が長いので、重症の患者さんをたくさん診療しています。

一見すると病気をもっているか、わからないような子もたくさんいます。子どもなのに、「今日の白血球いくつだった?」とか「血小板が低かった〜」など子どもからは普通出てこないセリフを聞くと、子どもらしいことをできる限りさせてあげたいと思います。

痛い注射を毎日しなければならない子どももいます。子どもなら、「嫌だ〜」と言って泣いたり暴れたりしてよいのですが、毎日それをするわけにもいかず、またそれをすると家族も医療従事者も困ることを知っているので、まだ幼い子どもでありながら、我慢して痛みをこらえ笑顔で話をしてくれます。

治療中は仕方ないのですが、治療以外のところでは、わがままも含め子どもらしさを全開に出して、子どもにしかできないことをしっかりとやって欲しいと思います。それを受け入れる度量を、周囲が持てる環境を創っていければと思います。

大学病院における医師の仕事

フィンランド留学を終えた後は、久留米大学に戻りました。大学病院での医師の仕事は、臨床・研究・教育と多岐に渡ります。さらに医局スタッフとしての業務もあり、多忙を極めます。

医師の研究は2種類あります。基礎研究と臨床研究です。

基礎研究は、イメージしやすいと思いますが、実験室でフラスコやピペット片手に、ときにはマウスなどを使って実験するものです。こちらは本当に辛抱強く、何度も何度も実験を繰り返す地道さと根気強さが必要です。基礎研究では人員も資金も時間も必要なことが多く、医師として臨床しながら行うことができる場所は限られています。

フィンランド留学中は、基礎研究に専念することができ、実際に遺伝子の仕組みやタンパク質の量なども見ることができ充実していました。帰国後も少しだけやりましたが、時間的制約もあり現在はほとんどできていません。

また臨床研究とは主に、ある疾患の疫学や治療効果、副反応などの起こりやすさなどを調査するものです。こちらの臨床研究も地道で大変な作業ですが、解析結果が患者さんに役立つことが多くやりがいのある研究です。しかし、データが欠損していたり、何度も取り直せなかったりするため、データの解釈に苦しんだりして結果が思うように出ないことも多いです。臨床研究も大変ですが、専門的な器械をあまり必要としないものも多いので、帰国後の研究はこちらがほとんどです。

いずれにせよ、研究の種類にかかわらず、地道に患者さんに向き合い、患者さんの生活の質を少しでも高めたいと思う気持ちを持ち続けることが、研究を続けるモチベーションになると思っています。

コツコツと努力すれば、必ず誰かが見てくれています。ただし、研究が途中であろうと結果をきちんとした形、医師であれば学会発表や論文として表に出すまでしないと、それまでの努力は埋もれる可能性があります。努力した結果を途中でもよいので残すことが重要です。

大学病院勤務が長かったため、教育者としての視点をもつことができました。

大学病院での教育は、医学生と研修医、専修医、そして専門を学ぶ小児科医師に対してのものとなります。

違いを少し説明すると、医学生はまだ医師免許をもっておらず、研修医は医師免許はありますが、まだ専門科を決めていない修練中の医師のことです。またここでいう専修医は、小児科専門医を取得する目的の者です。

彼らに医師としての経験や知識を伝えていくわけですが、それぞれ教えるポイントが異なるため、伝える経験や知識も異なりますし、伝え方も変えていかなければなりません。

小児科ならではの「not doing well（なんとなくおかしい）」という表現があるのですが、それを具体的に言語化、明文化して伝えることがとても難しかったです。同じ教育といえども、教える対象が異なれば、伝え方も変えていかなければならない、ということを経験することができました。

私の所属していた医局はかなり大きな組織でした。組織人としては、私はあまり向いていなかったかもしれません。自分の考え方などを組織に当てはめようとして、私も周囲もしんどい思いをしたことも多かったように思います。

とはいえ組織の発展が、その組織に属している個人の発展につながることは間違いありません。それに気づいたのはだいぶ後半になってからでした。

ＪＭＡも現在はそれなりの組織になっています。ＪＭＡスタッフそれぞれの思いと組織の方向性が、乖離《かいり》することもあるかもしれません。しかし、大学病院の医局という大きな組織に属していた経験が、今のＪＭＡという組織運営の役に立っていると思います。

ラグビーで言われる「一人はみんなのために。みんなは一人のために」という言葉こそ、組織運営の要です。言うは易く行うは難し、を実感しながら、モルックの普及に活かしています。

人生の流れに乗ってみる

私が北の国を好きになったきっかけは、北海道での勤務経験です。

２００４年の夏に、当時の医局人事で北海道勤務の順番が回ってきました。しかしその時はあまり乗り気でなく、断った経緯があります。翌年打診された時は、さすがに断りにくく、正直しぶしぶ異動を受け入れました。

そして２００５年に3か月間だけですが、ついに真冬の道北地方で働くことになりました。大雪、マイナス26度の極寒、最寄りのスーパーマーケットまで片道17㎞、TSUTAYAまで車で1時間という環境でした。

しかし週末は北海道各地を旅行し、野生の鹿やキツネが町を闊歩《かっぽ》している姿を見ました。イクラも激安でおいしく、寒さよりも生活の楽しさに魅了されました。その時から北海道が好きになり、北国が好きになり、海外に行くなら北の国に行きたいと思うようになりました。

久留米大学での就職も、小児科医を選んだのも、積極的な理由があったわけではありません。しかしさまざまな出会いやタイミングもあり、前述のように北海道に転勤したこともあり、そこから北国を好む生活がはじまりました。そしてフィンランドに留学し、モルックと出会うという流れになりました。

その時の思いつきとか、偶然とかいろいろあると思いますが、自分が選んできた道が間違いであるということは、おそらく人生にはないのではないか、と私は思っています。

一時的に「間違いだった！」と思うこともあるかもしれませんが、長い目でみればそれが自分の経験になり、違う出会いにつながっていくものなのだと思います。

私が医学生だった当時、進む科は卒業前の6年生の時にだいたい決まっていました。私も6年生の夏までは、外科か脳神経外科に進もうと思っていました。でも、突然小児科に変更して、今にいたっています。

そして医師になってからもそんな感じです。

はじめは小児循環器や小児救急をしたいと言っていました。しかし1年経過するころには、ミトコンドリア病とか小児内分泌・代謝というようなものに興味を抱き、そちらの道に進みました。これも、偶然の出会いとか、経験がそういう方向に向かわせたのだと思います。

人生において真剣に悩む岐路はたくさんありますが、その時に一番したいこと、興味があることを損得抜きにして進めば、周囲も助けてくれたりして、前に進んでいけるものだと私は思っています。

私の人生も折り返し点を過ぎていますが、今までを振り返ると、ある程度自分の興味に素直にしたがった結果、毎日を楽しんでこられたのかなと思っています。

そして、これからもまだまだやりたいことがたくさんあります。例えば、腎疾患を診察できるようになりたいし、臨床遺伝医として、ガンゲノムを含め成人領域の診療もできるようになりたいです。

医師の領域からは外れますが、看護師をはじめとする医療従事者の就労環境を改善するため、24時間保育の運営にも関心があります。また、趣味としては車のラリーや、ドラム演奏にチャレンジしたいと思っています。

本気でぶつかり合えるスポーツが必要

私は小学校で野球、中学校でバレーボール、そして高校・大学で弓道をしてきました。

私に直接会ったことがある人は、運動が苦手そうに見えるかもしれません。しかし中学校の部活でも結構しごかれ、高校では弓道の関東大会・全国大会にも出場していましたので、体育会系のマインドがあります。

当時、野球は男性のみがするものというのが、スポーツの中での認識でした。バレーボールは男女わかれて行うスポーツで、現在もその傾向があると思います。

一方、弓道部に入ったきっかけは、今でも鮮明に覚えていますが、高校入学直後の帰り道に、弓道部の女子の先輩から勧誘を受けたからです。部活なのに男女分け隔てなく勧誘しているところに、よい意味で違和感を持ち、興味がわきました。とはいえ、練習は同じ場所、同じメニューですが、試合では基本的に男女にわかれて行われました。

少し話が変わりますが、小児科医として子どもの患者さんとその両親とお話をしていると、子育てはやりがいもあるけど大変だなと感じます。

特に小学生のスポーツに関しては、親子一緒に行うことはできても、大人が少し手加減しなくてはならないことが多いと思います。ときどき、子どもから「もっと本気でやって！」という声を聞きました。

一方で、中学生・高校生になると、今度は子どもの力が強くなったりうまくなったりして、子どもの方が大人相手に手加減しなくてはならないこともあります。そういうときは子どもながらに、大人に対して、歯がゆさを感じてしまうのです。

親子で何かしらのスポーツをするとき、一緒にお互い本気でぶつかり合うことが非常に難しいと感じていました。

一生懸命、子育てしている大人がたくさんいます。

いろいろなところで子どもに本気で対応しているのですが、ことスポーツ・運動となると、どちらかが手加減せざるを得ない状況を、どうにか解消できる手立てはないものかとずっと思っていました。

同様のことは、障がい者に対しても思っていました。

私が受け持つ外来は、見た目ですぐに障がい者とわかる患者さんは少ないのですが、スポーツ・運動の面で親子の対話が難しい、という雰囲気は感じ取りました。

また、週1回は療育センターで勤務していたこともあり、肢体不自由や情緒障がいの子どもたちと触れ合う機会がありました。そこでも同様に、親子で一緒にできるものが少ない、お互い真剣に向き合えるレクリエーションが少ないな、と感じていました。

しかし当時は、それを解決するものがなんなのかを具体的に想像することも見つけることもできず、どうにかしたいという思いだけを持ち続けていました。

フィンランドでモルックに出会った時に、自分自身が30代になっても気軽に取り組むことができたこと、男女一緒に楽しめたこと、真剣だからこそ負けると悔しかったこと、知らない人と非言語でもコミュニケーションが取れたことに感動を覚えました。

さらに、知らない外国人やシニアの方々と笑顔を共にできたこと、車椅子の方や子どもと同じフィールドで真剣勝負できたことに感動しました。

思い返せば、高校・大学の部活で、男女が一緒に練習できる環境を、潜在的にすばらしいと感じていたのかもしれません。

そして小児科医として勤務した時に、世代や障がいの有無を超えて一緒にできるものを探していたのかもしれません。

モルックは、そのもやもやしていたものをスッキリと解消してくれるものでした。

小児科医としての思い

日々子どもの患者さんを診察していますが、一人にかける診療の時間が短いということもあり、十分なコミュニケーションが取れているとはいえません。

また患者さんの家族の様子を見ていると、親子間やきょうだい間でも、コミュニケーションが不足しているのではないかと思うことがあります。

それは誰が悪いとかではなく、仕事でどうしても子どもと接する時間が取れないであるとか、親御さんもジレンマを抱えているということが大いにあります。

さまざまな事情は家庭ごとに違うと思いますが、一つは親子間で「真剣に手加減しないコミュニケーションツール」が不足しているためではないかなと思っています。

真剣に手加減しない、というのは、「本気で取り組む姿を見せる」ということです。

自分の子ども時代を振り返ってみると、親と一緒に遊んだことを思い出します。もっと遊びたいのに、「もう帰ろう」と連れて帰られたこと。手加減して遊んでくれているのを子どもながらに感じ取り、少しさみしく思ったことなどです。子どもだからまだわからないだろうではなく、子どもだから感じ取れることも多いのです。

人の魂のコアな部分は、大人も子どもも同じだと思いますが、子どもはまだ経験値が低く、その分大人よりいろいろな感情や感動を素直に受け取ることができます。

診察室でも、私が少し疲れていたりすると、普段と様子が違うと感じた子どもから、「先生どうしたの?」と聞かれたことがありました。大人同士では気づかないようなことでも、子どもは敏感に察知するので、もっとこちらも真摯に対応しようと教えられるのです。

ところで、私は普通のサラリーマンの家に生まれ、3人きょうだいでしたので、あまり裕福な家庭ではありませんでした。そのうえ、私が浪人や留年をしてしまい、両親はかなり苦労しただろうと思います。

ですが、進路を決める時や何かにつまずいた時、一度も否定されたことはありませんでした。自分の意見を言った時には、否定せず受け止めてくれました。

このように育ててくれたおかげで自己肯定感が育ち、チャレンジ精神を養うことができたのだと思います。両親が真剣に対応してくれたことは私の心に響きましたし、人と接するときは真剣に向き合おうと思う根源になりました。

だからこそ、大人が真剣に子どもに接すれば、時間がかかったとしても、その気持ちは必ず伝わると思います。

子どもに手加減しないというと、「大人げない」という声もあるかもしれません。

しかし、大人が真剣に取り組む姿を見せることは、必ず子どもの魂に響くことだと思っています。そしてその真剣に手加減しないコミュニケーションツールとして、モルックはとても適していると思います。

モルックを通じて大人と子ども、シニア、障がい者が同じフィールドで真剣勝負すること。それは人生の中では一瞬かもしれませんが、子どもだけでなく、それぞれの人の魂に必ず何かを残すことができるものと信じています。

さらにモルックで、子どものレジリエンス、つまり困難に打ち勝つ力、逆境への強さを少しでも高められればと願っています。

人生ではいろいろなところで打ちのめされることがあります。それに打ち勝つだけの力、知恵、方法が必要です。その方法や知恵は、小さいころから学ぶことが大切で、生きていくうえでとても重要なものです。

モルックについていえば、バックグラウンドが違う人たちと関わることで、人生経験を得るチャンスが増えると考えられます。いろいろな学びとの出会いが増えます。モルックが大人へ成長するちょっとしたスパイスになれば、とても嬉しく思います。

子どもの虐待を減らしたい

地域や病院により頻度の違いはありますが、小児科医をしていて、必ず遭遇するのが「虐待」です。

虐待の原因は一つではなく、いくつか重なり合って起きることだと感じています。

小児科医は、ニコニコしながらも心の奥底で必ず「虐待はありそうか？」「虐待はなさそうか？」と考えるトレーニングを受けています。

子どもの虐待は「疑い」まで含めると、多い時には毎日のように診療をすることがあります。

実際、明らかな虐待は多くありませんが、年に数件は切ない診療に遭遇します。

その時の無力感は、耐え難いものがあります。

「子どもが生きていてよかった」という状況がほとんどですが、非常に残念なケースもあり、本当に悲しくなります。

小児科医としてできるのは、外傷を中心とした処置程度で、あとは診察室外でソーシャルワーカーや児童相談所職員などが対応します。

そして心の傷を負った後の生活、例えば「あの時の患者さんは今どうしているだろうか？」と気になることも多いのですが、現実的には深入りすることもできません。

その後の患者さんの生活がどうなっているかを見ることも難しいですし、対応することもできないのが今の診察室の現状です。

さまざまな思いから、診察室外での活動をしている医師もいらっしゃいます。いろいろなアプローチがあるとは思いますが、私はモルックを通すことで、小児医療をよりよくできると考えました。

モルックを通して、親子間の真剣なコミュニケーションを少しでも増やすことで、年に1件でもよいので虐待件数を減らしたいと強く思っています。

親子間だけでなく、別の家族や別のコミュニティーとつながることで、生きるヒントを得られることもあるのではないでしょうか。人とつながることで、お互い助け合う関係が築けたり、生きる選択肢が広がったりすることを期待しています。

すべての虐待を減らせるとは思っていません。

しかし、モルックで親子対話が増え、虐待までいかずに笑顔が増える家族が1件でも増えれば、という思いで普及活動をしています。

2022年からは、OHSさんなどいくつかのサポートを得て、念願の親子大会を開催できました。

親子が一丸となって、子どもは親を応援する、親は子どもを応援する、対戦する親子同士も真剣に勝負してお互いにたたえ合う。それは見ていて、とても微笑ましい光景でした。親子でモルックができる場をもっと増やし、虐待を少しでも減らせればと切に願っています。

また、フィンランドでは、モルックの貸し出しをしている図書館が多数あります。子どもも大人も誰でも無料で公平に遊べるように、日本でも自治体や公民館、学校などでモルックを貸し出せるようになって欲しいと願います。一部の地域では、モルックの貸し出しをしているところもありますが、まだまだ十分とは言えない状況です。

いつでもどこでも誰とでもモルックが利用できる、という環境が理想であり、ぜひ実現させたいことです。

障がい者施設、福祉施設にこそモルックを

障がい者施設、福祉施設、シニア向け施設にこそ、モルックは最適なコミュニケーションツールだと思っています。

すべての方々が同じ条件では難しい状況もあるかと思いますが、距離を変えるなど工夫をすることで、同じフィールドで楽しむことができます。

並ぶ順番を守る、モルックを投げる、スキットルを起こす。それを計算してメモする、自分の得点を重ねる、相手の得点を邪魔する。適度な運動と思考が必要になります。

対戦したりチーム戦にすることで、相手を称賛したり、味方と作戦を練って鼓舞し合いますので、知らないうちにコミュニケーションを取りはじめます。

職員も一緒に手加減することなくモルックができ、お互いの魂に響き合えると思っています。

ただし、課題も残っています。

現在の木製のモルックでは、壁や床が傷つきやすく、音が響くので室内で行いにくいという点です。

特に外出が困難な方たち、モルック棒が重いと感じる方たちが、室内でも行えるようにすることが必要です。そのためには軽いモルックの開発が必要です。

現在、TACTIC 社を含め、協議を重ねているところです。実現できるかまだわかりませんが、諦めずに開発を続けていきたいと思っています。

フィンランドの友人、ペルッティから聞いた話ですが、フィンランドのモルック製造工場では、ハンディキャップを持った方たちが多く働いていて、同時にモルックをリハビリテーションとして利用しているということでした。

この話を聞いて、「モルックはハンディキャップがある人と一緒にプレーするだけでなく、ハンディキャップを持つ人の就労まで関わることができるのか！」と衝撃を受けました。

留学中、医学研究はしていましたが、患者さんに接する医療行為をしておりませんでした。しかしこの話を聞いて医師のマインドに戻り、医師として福祉的なサポートもできるツールを日本で展開しなければいけない、という思いがわき上がってきました。

ペルッティのようなモルックで知り合った人を介して、フィンランドの事情を深く知ることができました。知れば知るほど、「日本においてもハンディキャップのある人たちに、モルックを通して貢献できること、医師として関われることがあるのではないか」と思うようになりました。

オリンピックとパラリンピックの融合を目指して

現在モルックは、目新しさもあってはやりつつあり、実際に普及も進んでいます。しかし日本でのモルックは、ようやくアマチュアスポーツやレクリエーションとして広がりはじめたばかりです。

今後はそれをしっかりと定着させていかなければなりません。定着するために必要なことは、スポーツ庁や日本スポーツ協会、日本レクリエーション協会に認められること。また、日本でのレクリエーションやアマチュアスポーツとして公に認められることだと考えています。

さらに、法律などを遵守した正しいモルックの普及も必要です。

ところで、モルックの一つのキーワードである「ユニバーサル」は、性別、年齢、障がいの有無を超えた普遍的なものです。

オリンピックとパラリンピックは、健常者も障がい者もスポーツを極める人たちの大会で、とてもすばらしいものです。しかし、よく考えてみると、オリンピックとパラリンピックで区別されていることに気づきます。

真のユニバーサルとは、オリンピックもパラリンピックも区別しない、健常者も障がい者も区別しないことだと思っています。

現在モルックは、パラリンピック種目登録を目指しています。

しかし最終的には、更にその先にある「オリンピックとパラリンピックの区別をしない競技」、つまり真のユニバーサル競技となることを目標としています。

大きな目標の一つである「パラリンピック種目への登録」を実現するために、もっとも必要なもの。それは、今モルックを楽しんでくれている、皆さん一人ひとりの力だと考えています。

現在、たくさんの方がモルックのよさを感じながら、楽しんでくださっていることと思います。その楽しさの感じ方は千差万別でよいと思っています。

選手として、スポーツとして極めたい人。

いろいろな方と気軽に出会えるコミュニケーションスポーツとして楽しみたい人。

地域活性で地元を元気にしたい人。

いろんな人がいろんな場所で、さまざまな思いでモルックをしていただければと思っています。そこでコミュニケーションを取ることで、楽しさが何倍にもなり、幸福度が上がっていくのではないかと思います。

皆さんがモルックを続けてくれることが、パラリンピック種目への登録につながっていくものと信じています。

オリンピックとパラリンピックの区別をしない競技――

現在にいたるまで、まだそのような競技を見たことがありません。

しかしモルックには、その初めての競技になる可能性がある、と感じています。

オリンピック・パラリンピックが融合した世界を、いつか皆さんと一緒に見てみたいのです。

そしてモルックが学校の授業科目や部活に加わり、全国大会が行われるような、ますますの盛り上がりがみられる日を願って、私もがんばり続けます。

どうかこれからも、モルックを楽しんで、ずっと続けていただければ幸いです。モルックを通じて人とコミュニケーションを取ることで、それぞれの思いが一つになっていくことでしょう。そして一つになることで、次の新しいものが生まれてくることを期待していています。

みなさん、一緒にモルックをやりましょう!

Column

日本大会史
世界大会史

日本大会

◆第1回モルック日本大会
日程　2014年10月12日
場所　ラモスフィールド（東京都）
参加チーム数　32 ※日本、フィンランド、フランス、チェコ、スロバキアから参加
優勝　Mölkky your World
準優勝　Team Japan
第3位　HMS Mölkky Royals

◆第2回モルック日本大会
日程　2015年10月13日
場所　ラモスフィールド（東京都）
参加チーム数　23
優勝　Kippis
準優勝　チーム城東
第3位　チーム横浜戸塚

◆第3回モルック日本大会
日程　2016年10月9日
場所　ラモスフィールド（東京都）
参加チーム数　26
優勝　ムイック
準優勝　お山の仔馬
第3位　いぶつかや

◆第4回モルック日本大会
◆第1回モルックアジア大会
日程　2017年10月8日
場所　ラモスフィールド（東京都）
参加チーム数　48
優勝　ウラタサカ
準優勝　Kippis

第3位　お山の仔馬

◆**第5回モルック日本大会**

日程　2018年10月7日
場所　ラモスフィールド（東京都）
参加チーム数　48　※香港から1チーム参加
優勝　神戸北野坂
準優勝　チームあびこ
第3位　47

◆**第6回モルック日本大会**

日程　2019年10月13日
場所　ラモスフィールド（東京都）
参加チーム数　64
※台風19号の影響により中止

◆**第7回モルック日本大会**

日程　2020年
※新型コロナの影響により中止

◆**第8回モルック日本大会**

日程　2021年11月20日〜11月21日
場所　大津町運動公園　多目的広場
参加チーム数　クレーコート（熊本県）
154
優勝　PöMaiKai
準優勝　ヨイ嫁やさ夫
ベスト4　VistAA／MONGOOOOSE

◆**第9回モルック日本大会**

日程　2022年10月1日〜10月2日
場所　末広公園グラウンド（大阪府）
参加チーム数　300
優勝　WAMö ヤングレオパルド
準優勝　RATEL Y.Y.Y
ベスト4　ひまっぷ オーバーヘブン／酒田米菓

◆**第10回モルック日本大会**

日程　2023年10月21日〜10月22日
場所　南栄リース桜島グラウンド（鹿児島県）

※2023年9月1日現在

City	number of teams	number of teams from JPN	number of nations	Nations (IOC-Abbr.)
Lahti	86	0	2	EST, FIN
Lahti	125	0	1	FIN
Lahti	132	0	3	FIN, GER, SWE
Lahti	156	0	3	EST, FIN, GER
Lahti	186	0	5	EST, FIN, GER, SVK, SWE
Lahti	217	0	6	EST, FIN, FRA, GER, SVK, SWE
Lahti	192	1	8	EST, FIN, FRA, GER, JPN, SUI, SVK, SWE
Lahti	210	1	12	CZE, EST, FIN, FRA, GBR, GER, JPN, ROU, RUS, SUI, SVK, SWE
Lahti	180	1	8	CZE, EST, FIN, FRA, GBR, GER, JPN, SWE
Lahti	177	3	7	CZE, EST, FIN, FRA, GBR, JPN, SVK
Lahti	165	2	6	EST, FIN, FRA, GBR, GER, JPN
Lahti	180	4	6	BEL, EST, FIN, FRA, GER, JPN
Le Rheu	268	1	14	AUT, BEL, BEN, CAN, CZE, ESP, EST, FIN, FRA, GBR, GEO, GER, JPN, SWE
Rakovnik	112	1	12	AUT, BEL, CZE, EST, FIN, FRA, GER, JPN, POL, SUI, SVK, TUR
Pori	192	6	14	CZE, DEN, EST, FIN, FRA, GBR, GER, JPN, NED, NOR, POL, SWE, TUR, USA
Samoëns	176	4	15	AUS, BEL, CZE, ESP, EST, FIN, FRA, GBR, GER, HKG, JPN, NOR, POL, SUI, TUR
Samoëns	167	13	17	AUS, BEL, CZE, ESP, EST, FIN, FRA, GBR, GER, GRE, IRL, ITA, JPN, POL, POR, SUI, TUR
Hyvinkää	176	24	19	AUS, CHN, CZE, ESP, EST, FIN, FRA, GBR, GER, GRE, HKG, JPN, MAS, NED, POL, SUI, SVK, TUR, USA
Hakodate	-	-	-	-

世界大会

Year	Title	Date	Nation
2004	1. Mölkky World Championship	31. July 2004	FIN
2005	2. Mölkky World Championship	13. August 2005	FIN
2006	3. Mölkky World Championship	19. August 2006	FIN
2007	4. Mölkky World Championship	18. - 19. August 2007	FIN
2008	5. Mölkky World Championship	16. - 17. August 2008	FIN
2009	6. Mölkky World Championship	29. - 30. August 2009	FIN
2010	7. Mölkky World Championship	14. - 15. August 2010	FIN
2011	8. Mölkky World Championship	27. - 28. August 2011	FIN
2012	9. Mölkky World Championship	18. - 19. August 2012	FIN
2013	10. Mölkky World Championship	16. - 18. August 2013	FIN
2014	11. Mölkky World Championship	16. - 17. August 2014	FIN
2015	12. Mölkky World Championship	15. - 16. August 2015	FIN
2016	13. Mölkky World Championship	20. - 21. August 2016	FRA
2017	14. Mölkky World Championship	19. - 20. August 2017	CZE
2018	15. Mölkky World Championship	18. - 19. August 2018	FIN
2019	16. Mölkky World Championship	17. - 18. August 2019	FRA
2022	17. Mölkky World Championship	20. - 22. August 2022	FRA
2023	18. Mölkky World Championship	4. - 6. August 2023	FIN
2024	19. Mölkky World Championship	23. - 25. August 2024	JPN

謝辞

本書の作成にあたり、多くの方々にご協力を賜りました。

まずはアンバサダーの皆さま。「さらば青春の光」の森田哲矢氏をはじめとして、俳優の植田圭輔氏、みなみかわ氏、カナイ氏。皆さまからは読者に向けてのメッセージと、森田氏からはオビの推薦文もいただきました。また、プロフットボール選手「ＨＪＫヘルシンキ」の田中亜土夢氏は、フィンランドからインタビューに快く応じてくださいました。ノーラ・シロラ氏には、日本語で寄稿を賜りました。アンバサダーの皆さまに深く感謝申し上げます。

フィンランド大使館の沼田晃一氏、堀内都喜子氏には座談会でフィンランドの魅力を語っていただきました。いつも本当にありがとうございます。

任意団体日本モルック協会の立ち上げメンバーである、Ｏ氏、尾曲幸輔氏、Ｋ氏、ユウヤネン氏、松田真弥氏、松田奈美氏には、チームメンバーとして、また協会設立メンバーとして多くのご協力をいただきました。ここに深謝の意を表します。日本における初期モルック普及を支えていただいた森博氏、工藤早苗氏、浦上涼子氏、金森由記氏、大橋一輝氏、石垣泰伸氏、河村秀樹氏には、モルックへの思いを寄せていただきました。厚く御礼申し上げます。

Steve氏には丁寧に何度も英文校正をしていただきました。心から感謝いたします。

一般社団法人日本モルック協会理事の嶋津克彦氏、神保匡氏、宍倉泰司氏、中井聖典氏。チーフの石井徹氏、田中慎也氏、蓮岡勇樹氏、益邑沙季氏、酒井千晶氏、森祐生氏、松﨑良範氏には、日ごろの協会運営だけではなく、寄稿いただき感謝いたします。また、7月から理事に就任していただきました井後貴樹氏にも感謝いたします。そして競技部の河野靖信氏には、読者に向けてモルック上達法のご協力をいただきました。ここに謝意を表します。広報部の佐渡愛美氏には、モルックで使う英文を作成していただき、感謝の意を表します。本書の企画段階では、日本モルック協会アソシエイトプロデューサーのだいもんしゅんすけ氏にお世話になり、多謝申し上げます。

そして、日ごろからモルックを支えてくださっている日本全国のモルックプレーヤー、それをサポートしてくださる方々・企業さまにも御礼申し上げます。また、この本の執筆にあたり多くの助言と励ましをいただいた心書院株式会社編集部の皆さま、本当にありがとうございました。

最後に、2010年から、モルック世界大会への出場、モルックの日本への輸送、モルック協会設立、そして日本モルック協会事務局長として、休日もモルックばかりの私を公私ともに支援・激励してくれた妻・千穂に心から感謝いたします。ありがとう。

You go over the molkky.

モルッカーリを越えてますよ。

モルックの英語表記ではモルック棒もモルッカーリも同じスペルであるため、
混同しないように注意が必要です。

Close!

惜しい!

「Almost!」も同じ意味合いで使えます。

Wow!

すごい!

「Cool!」も使用可能です。
より丁寧に言いたい場合は「You are an excellent player!」と声をかけてみてください!

Can you pick up our molkky?

モルック棒を拾ってもらえませんか?

Can you help me raise skittles?

スキットルを起こすのを手伝ってくれませんか?

I win!

勝ちました!

=「I won!」

I lose...

負けました...

=「I lost...」

Thank you for a great game!

対戦ありがとうございました!

Can I shake your hand?

握手してもいいですか?

How about doing another set?

もう1セットやりませんか?

We should do it again some day!

またいつかやりましょう!

ここでの「it」は「playing Mölkky(モルックをプレーすること)」を指しています。

Is Mölkky a popular sport in your country?

あなたの国でモルックは人気ですか？

Let's do our best to each other!

お互い頑張りましょうね！

よりフランクに話しかけるなら「Good Luck!」と言うとよいかもしれません。

You're good at throwing a molkky!

投擲がお上手ですね！

What a nice uniform!

すてきなユニフォームですね！

日本モルック協会では毎年、世界大会の日本選手団ユニフォームを制作しています！

Part.3 モルックをプレーする

最後はいよいよ試合での実践的なフレーズです。
Part.3を予習して世界大会に臨みましょう！

Let's play Mölkky!

モルックしましょう！

Nice to meet you.

よろしくお願いします。

英語には「よろしくお願いします」にあたるフレーズがないので、
代わりに通常の挨拶をすることでスムーズなコミュニケーションが取れます。

Why don't we decide which team plays first?

先攻後攻を決めませんか？

It's the overscore (overing-scoring).

オーバースコアですよ。

相手チームが50点を超えてしまったらこのように注意しましょう。

2. A number of knocked down skittles becomes your score.

2. 倒れたスキットルの本数によって得点が決まります。

3. If you knock down only one skittle, a number which is written on the skittle becomes your score.

3. 倒したスキットルが1本だけなら、そのスキットルに書かれた数字が得点になります。

4. You can win by scoring just 50 points.

4. 最初に50点ピッタリにできたら勝利となります。

5. If your score becomes over 50 points, you have to redo from 25 points.

5. 50点を超えてしまったら、25点からやり直しです。

Part.2 モルックで仲良くなる

モルックを知ってもらえたら、次はモルックを通して親交を深めていきましょう。

Do you like Mölkky?

モルックは好きですか?

When did you begin to play Mölkky?

いつからモルックをはじめましたか?

How many times have you participated in competitions?

大会にはどのくらい参加したことがありますか?

How long did it take you to the game venue?

会場までどれくらい時間がかかりましたか?

Where are you from?

ご出身はどちらですか?

＼＼ 世界大会で使える！ ／／

モルック英会話

2024年モルック世界大会は日本（北海道・函館）開催！
ということで、海外から多くのモルッカーが来日します。
彼らと楽しくモルックをプレーするにはやはり英語は不可欠です。
そこでこのコーナーでは〈英語のモルックフレーズ〉を紹介していきます！
ぜひ世界大会などでご活用ください！

佐渡愛美（日本モルック協会広報部）

Part.1 モルックを広める

モルックを通して絆を深めるには、まずモルックを知ってもらう必要があります。
Part.1ではモルックの紹介やSNSでの発信に使えるフレーズを紹介します。

Mölkky is a sport which was born in Finland.

モルックはフィンランド発祥のスポーツです。

In Japan, about 1 million people play Mölkky.

日本におけるモルックの競技人口は約100万人です。

日本モルック協会が2022年12月に実施したアンケート結果に基づいています。

Mölkky is a very attractive sport!

モルックはとても魅力的なスポーツです！

I will participate in Mölkky World Championship 2024.

2024年モルック世界大会に出場します。

Please cheer for me!

応援よろしくお願いします！

◆英語でルールを説明する

1.You throw a molkky and knock down skittles.

1. モルックを投げてスキットルを倒します。

モルックを知らない相手への説明を想定しています。
主語は「a player」などとしても問題ありません。

モルックを通じて、私は小児医療に少しでも貢献できればと思っています。小児医療をしている限り、虐待に遭遇します。すべての虐待がモルックを通してなくなるとは思っていませんが、モルックを通じて親子の真剣なコミュニケーションを行うことで、年に1件でも虐待が減ってくれれば、と思っています。モルックを通して、虐待の起こらない幸せな家庭が増えることを願っています。

モルックの魅力はとにかく、年齢・性別・障がいの有無に関わらずみんなが一緒にプレーできることです。モルックはユニバーサルなものと考えます。オリンピックとパラリンピックは、すばらしい大会ですが、そこには健常者と障がい者という区別が存在しています。その区別すらなくすのが真のユニバーサルだと思っています。

私たちの目標の一つに、モルックがパラリンピック種目になることがあります。さらにその先にある、オリンピックとパラリンピックの区別のない種目としてモルックが存在できる形にしたいと思っています。

多くのモルックプレーヤー・愛好家の方々と共に、モルックがユニバーサルスポーツとして確立していくことを切望しています。

八ツ賀秀一

child abuse, even if by only one per year, by promoting serious communication between parents and children, although I do not think that all abuse cases can be eliminated. Mölkky can support pediatricians' activities by offering the hope of improving parent-child dialog and increasing the number of happy families where abuse does not happen.

What makes Mölkky unique is that it transcends gender, age, and disability, and this is why I believe it to be truly universal. The Olympic and Paralympic games are wonderful competitions for able-bodied and disabled athletes, respectively. However, if you think about it, you realize there is a distinction between the two games. I think true universalism is to make no such distinction and to treat able-bodied and disabled people as equals.

There are hopes that Mölkky will be adopted as a Paralympic sport, but those of us who play it aim to go further and make it played by both Olympians and Paralympians.

I truly hope that, through the enthusiasm of us all, Mölkky will become a universal sport.

Shuichi Yatsuga

人も、自分の子どもとコミュニケーションが取れていないことを自覚しているということに気づきました。大人の真剣な考えや気持ちが子どもたちに届いていないように感じるのです。例えば、大人と子どもが一緒にゲームをするとき、大人は少し手加減をすることが多いと思います。その大人の手加減が子どもに伝わってしまっているのではないかと思うのです。つまり大人の真剣さが子どもに届いていないかもしれないのです。これは残念なことです。なぜなら私は、大人が真剣な態度で子どもに接し、真剣な思いを伝えることで、子どもはしっかりとその思いを感じることができると考えているからです。大人と子どもの間での真剣なコミュニケーションは、子どもの心にしっかりと響くものと思っています。そして互いを尊重することが、親子の信頼関係を強め、健全な親子関係を促進するのではないでしょうか。そうすることで、親による子どもへの虐待は減るのではないか、と思っています。

モルックをプレーすることは、その人の人生にとってはほんの一つの出来事でしかありません。しかし、大人も子どもも、シニアも、障がい者も対等になれる、それがモルックです。子どもたちにとって、その「対等」という部分はとても影響が大きいと思います。モルックは、大人と子どもの真剣な対話を可能にします。そしてモルックは、大人と子どもが真剣に向き合える希有なスポーツです。大人が真剣にモルックをして、子どもに手加減せずに向き合うことで、大人の真剣な思いが子どもに届くものだと思います。

このようなモルックを通した真剣なプレーの積み重ねが、逆境に直面しても困難を乗り越え、強くなる「レジリエンス」を子どもが獲得し、そしてよりよい社会を築くことができる大人へ成長することができれば、私はとても嬉しく思います。

or the children; rather, I think there are very few opportunities for serious communication. There are times in daily practice when I notice adults sense they are not communicating with their children. At such times, I feel that the serious thoughts and feelings of the adults are not reaching the children. For example, when adults and children play games together, the adults are always holding back. At that time, the serious attitude and thoughts of the adults may not reach the children. This is regrettable because I believe that when adults treat children with a serious attitude and convey serious thoughts, the children will sense the seriousness of that attitude and those thoughts. I believe that taking communication seriously is something that touches the child's soul. Serious communication strengthens the trust between parent and child through mutual respect, building a healthy and trusting parent-child relationship. When this happens, parental abuse of children will cease to exist.

Playing Mölkky might be only a single chapter in the story of one's life, but, through the game, adults, children, seniors, and those with disabilities are able to be equals. For children, I believe the effect of this will be profound. Serious dialogue between adults and children is possible through Mölkky. This is because Mölkky is a rare game where adults and children can engage with one another seriously. It is necessary for the adults to treat the game seriously and not go easy on the children. And so I believe that the adults' serious attitude and thoughts will be conveyed to the children.

It would make me very happy if Mölkky could help children develop resilience—the ability to overcome difficulties and acquire strengths in the face of adversity—and promote their transformation into adults who can build a better society.

It also occurred to me that, through Mölkky, pediatric care could be improved. I earnestly wish to reduce the number of cases of

モルックの創る世界観と共に

モルックに出会ったのは、私の運命だったのかもしれません。高校生の時に、「国境なき医師団」のドキュメンタリー番組を偶然見ました。その時に、人を助けることができる医師になろうと決めました。そもそも、この時が私の人生の転機で、そしてモルックと出会い、現在のモルック普及活動につながったのだと思います。医学生時代に、みんなが苦手だったミトコンドリア代謝への苦手感がないこともあり、医師になってから小児医療の中でミトコンドリア病を専門とすることにしました。モルックとの出会いは、北海道に赴任したことも契機になりました。この北海道赴任が、やがて北国好きになり、モルック発祥の地フィンランドに行きたいと興味を持つことになりました。今思えば、川の流れのように、いろいろな偶然や出会い、そしてタイミングが重なって、私はモルックに出会えたのだと思います。

2008年、私はミトコンドリア病の研究留学でフィンランドを訪れました。そこでついにモルックに出会いました。30代の大人でも、真剣勝負できたこと、性別に関わりなく楽しめたこと、単純なゲームに見えて戦略が難しかったこと、言葉が通じなくても交流できたことなど、モルックのユニバーサルな部分に驚きと感動を覚えました。老若男女、国籍に関わらず笑顔で楽しめ、車椅子の人たちとも真剣勝負できたことに感動しました。

私が小児科医として診療している時、しばしば子どもたちとその親の間でコミュニケーションが不足しているな……と感じることがあります。どちらかに非があるとかではなく、真剣なコミュニケーションの機会が少ないのかなと思います。日々の診療で、大

Living Up to the Ideals of Mölkky

It seems that it has been my fate to become acquainted with the game of Mölkky. While in high school, having watched a TV documentary about the dedicated work of Doctors Without Borders, I decided to become a doctor myself in order to help people. This was a turning point in my life, and because of it, I was set on the path to discovering Mölkky. I moved further along this path when I became a medical student and developed an interest in mitochondrial metabolism. This interest would lead to my eventually becoming a specialist in mitochondrial diseases, which would involve my treating children. My journey to Mölkky started to reach its conclusion when I found myself practicing medicine in a remote setting in the north of Hokkaido. This led to my longing to visit another country in the world's northern regions: Finland, the birthplace of Mölkky. Looking back, my life has been like a river flowing, subject to different chance encounters and fortuitous timing. Because of this, the opportunity to meet Mölkky has, perhaps, always been waiting for me.

In 2008, I went to Finland to study mitochondrial diseases and finally discovered Mölkky. Its versatility astonished me. For instance, I was able to play it in my 30s either for fun or in serious competition; it could be enjoyed by both men and women; despite its apparent simplicity, it could be frustratingly difficult; and it let me interact nonverbally with people I didn't know. Additionally, I was able to share smiles with people of all nationalities, both young and old, and compete seriously with people in wheelchairs.

Being a pediatrician, I am often aware of a lack of communication not only between the children I treat and me but also between these children and their parents. The fault lies not with the adults

八ツ賀秀一（やつが　しゅういち）　Shuichi Yatsuga

福岡大学医学部小児科准教授　日本モルック協会代表理事
1973年生まれ、横浜市出身。2001年宮崎医科大学（現宮崎大学）卒業。医学博士（専門分野は内分泌・代謝、栄養、遺伝、ミトコンドリア病、筋疾患、小児腎疾患）。

日本小児科学会（専門医・指導医）、日本人類遺伝学会（専門医・指導医）、日本内分泌学会（専門医・指導医・評議員）、日本糖尿病学会（専門医）、日本小児神経学会（評議員）、日本ミトコンドリア学会（評議員）など、所属学会は多岐に渡る。

米国ミトコンドリア学会（2015年）、日本先天代謝異常学会（2016年）から最優秀演題賞を受賞。
座右の銘「何事もとりあえずやってみる（百聞は一見にしかず）」
好きな言葉「人に好かれようと思って仕事をするな。むしろ半分の人に嫌われるように積極的に努力しないと良い仕事はできない」（白州次郎）
趣味は旅行、ドリフト、エレキギター。

Dr.モルック
フィンランドからつながる笑顔

2023年10月31日　初版発行

著者　八ツ賀秀一
発行者　末永志津子
発行所　心書院株式会社
〒810-0001　福岡県福岡市中央区天神1-1-1
アクロス福岡1階　fabbit内
URL　https://kokoroshoin.co.jp/
Tel　092-985-7623
Fax　092-985-7404

ブックデザイン　成原デザイン事務所
DTP　BEING
企画・編集　心書院編集部
編集協力　W.A.U
印刷・製本　シナノ書籍印刷株式会社

本書の無断転写・複製・転載・公衆送信を禁じます。
落丁・乱丁本は購入書店名を明記の上、心書院株式会社までお送りください。
お取替えいたします。ただし、古書店で購入したものに関してはお取替えできません。

©Shuichi Yatsuga 2023 ISBN978-4-9912348-2-8